21世紀型大恐慌

「アメリカ型経済システム」が変わるとき

山崎養世
Yasuyo Yamazaki

PHP

はじめに

２００1年、アメリカで同時多発テロ事件が起きました。その10年後の２０１１年、今度は日本でマグニチュード９・０の東日本大震災が起き、福島第一原子力発電所の事故が起きました。どちらも世界を揺るがし、その後何年にもわたって、大きな影響を与える出来事でした。

そして、２０２１年、それらと同じか、それら以上の悪影響を及ぼす「21世紀型大恐慌」が起きるのではないか、と私は大変危惧しています。震源地は、アメリカ国債です。

20世紀の大恐慌は、１９２９年、アメリカの株式市場の大暴落がきっかけでした。その後、世界中の国々の経済が大打撃を受け、アメリカをはじめとした多くの国が「自国第一主義」の傾向を強め、それが第二次世界大戦へと突き進んでいくことにつながりました。

現在のアメリカもまた「アメリカ・ファースト」を掲げています。

一方、アメリカの株式市場は、史上最高値の更新を続けています。新型コロナウイルスのパンデミックにより、一時は株価が下がりましたが、その後、パンデミックが広がり続ける中でも株価は上昇を続けています。なぜでしょうか。

理由はいくつも考えられますが、私は、新型コロナウイルス対策と称して、アメリカ政府がさらなる大幅な金融緩和、これまでにない規模の財政出動を行っているのが最大の理由だと見ています。

しかし、アメリカ政府はすでに多くの借金を抱えており、2019年10月31日時点で、債務残高は約23兆ドル（約2500兆円）を超えていました。それに、新型コロナウイルス対策のための借入が約3兆ドル上乗せされ、今後も新型コロナウイルスのパンデミックが収まるまで、こうした借入が続くことが予想されます。だとすると、果たしてアメリカ政府の借金はどこまで膨らんでしまうのでしょうか。

1つだけ言えることは、世界第1位の経済大国であっても、無限に借金できるわけではないということです。

誰かが、「アメリカは危ない」と判断してアメリカの国債を売り始めたら、売りが売りを呼ぶ展開になり、そうなればもう誰にも止められなくなります。

アメリカの国債が暴落すれば、通貨ドルの信用も揺らぎ、ドル安が進みます。それは当然、史上最高値の株価に悪影響を与えますので、国債、通貨、株式のトリプル大暴落になることは容易に予想できることではないでしょうか。

しかし、こうした最悪のシナリオをあらかじめ想定して、今後、日本が打てる手をしっかりと打っていけば、最大のピンチを最大のチャンスに変えることもできます。

そのためのキーワードが、「太陽経済」です。

これまでエネルギーの主役は、石炭、石油でした。産業革命以来、石炭経済を牽引したのがイギリスであり、第二次世界大戦以来、石油経済を牽引したのがアメリカです。

こうした化石燃料を100年以上、エネルギーの主役としたことで、CO_2が増大し、気候変動が世界的な大問題となっています。エネルギーの主役の交代は避けられず、21世紀のエネルギーの主役が太陽エネルギーになることに異論はないのではないでしょうか。

エネルギーの主役が変わるということは、従来の「アメリカ型経済システム」が変わるということです。そしてその変化は大きく、これまでの正反対、180度近い変化になります。

日本ではこれまで、「大都市への集中による効率化」が求められてきましたが、これからは「地方への分散による多様化」が求められるようになります。戦後から今日まで、日本では一貫して地方から都市へと人が移動してきましたが、今後は逆に、都市から地方へと人が大移動することになるでしょう。

なぜなら、太陽経済においては、地方こそが経済を動かすエンジンになるからです。

ここまで読んでこられた皆さんの多くは、「21世紀型大恐慌」にしても、太陽経済にしても、「そんなことが本当に起きるのか?」と、かなり訝《いぶか》しく思っているかもしれません。

私は未来学者でも、占い師でもありませんから、こうした予測は、私のこれまでの40年以上にわたるビジネス経験と歴史からの学び、現在の状況を表す事実、数値などのクロスセクショナルな分析によるものです。詳しくは本文に記しています。ぜひじっくりお読みください。

もちろん、すべてが私の予想通りに進むことはないでしょう。それでも本書を執筆したのは、このままでは世界における日本の存在意義がなくなってしまうという危機感からです。

日本には、まだまだ世界に誇れるものが様々たくさんあります。石油のない日本にとって太陽経済は、より日本らしさをいかせる、日本の地方＝田園が輝くことができる時代でもあります。こうしたことを一刻も早く多くの日本の人たちに伝えたい。それが本書の執筆の動機であり、本書が日本の未来を変えることにつながることを願っています。

なお、読書の皆さんに内容への理解を深めていただくため、補助的手段として私の「オウンドメディア（https://yamazaki-yasuyo.jp）」内に「曼荼羅図《マンダラ》」と呼ぶ全体的構造図やテーマを絞った解説を、章ごとに掲載しています。ぜひ参考にしていただいて、本と一体でご活用くだされば幸いです。オウンドメディアの内容は更新し、将来の時点でアップデートした情報もお届けする予定です。ご期待ください。

2020年10月

山﨑養世

21世紀型大恐慌　目次

2章 アメリカ型・石油経済の限界、太陽経済の勃興

3章 日本発・田園からの産業革命

終章 「21世紀型大恐慌」を突破する新・金融革命

装丁：印牧真和
カバー写真：iStock.com/dem10

1章

アメリカ発「21世紀型大恐慌」が起きる

1 「21世紀型大恐慌」への経路

アメリカ国債の金利は15%超だった!?

２０２０年3月、アメリカ合衆国の中央銀行であるＦＲＢ（Federal Reserve Board：連邦準備制度理事会）は、政策金利——ＦＦ金利（Federal Funds Rate）の誘導目標をほぼゼロ％にまで切り下げました。それに伴って、アメリカ国債の利回りもゼロ％水準にまで低下しました。

しかし、歴史を少し遡ると、このアメリカの政策金利が20％に近かった時代があることがわかります（図１）。

〔図１〕

アメリカ政策金利（FFR）の推移（1955〜現在）

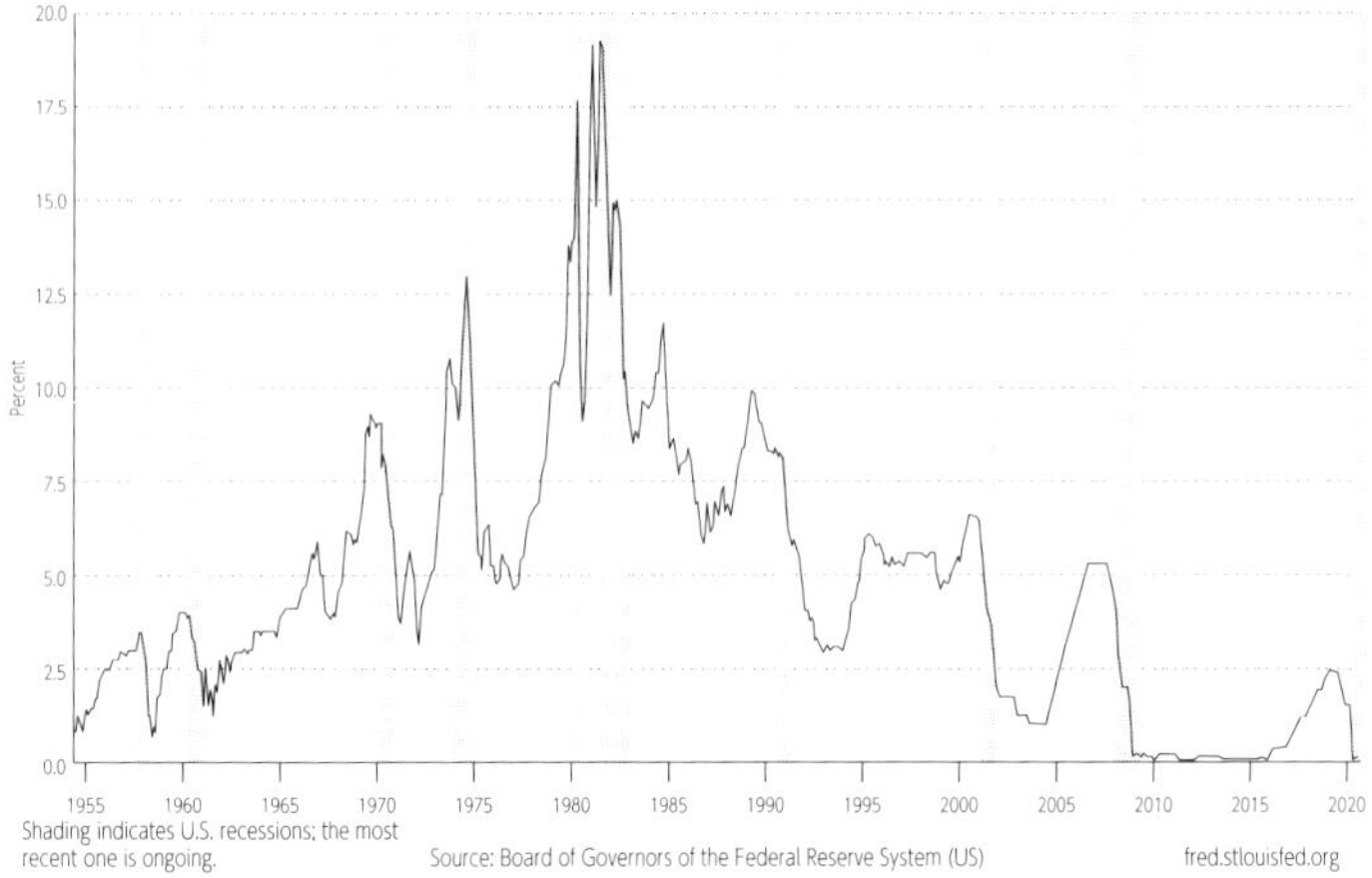

１９７０年代、アメリカでは、貿易赤字と財政赤字の「双子の赤字」が急速に拡大。巨額の財政赤字は、国債を発行することでまかなっていましたが、国債の利回りは上昇を続け、１９８１年には10年物の国債利回りが15・８％にまで上昇しました。

現在のゼロ金利に慣れ親しんだ私たちにとっては、ちょっと信じられないかもしれませんが、１９８０年代前半、ＦＲＢは政策金利の誘導目標を20％に設定しており、実際の短期金利が21％に達したこともあったのです。

１９８１年に誕生したロナルド・レーガン政権は、最大の貿易黒字国である日本とドイツに対して「金融自由化」の名のもとに、アメリカ国債購入の強い圧力をかけます。そして、１９

85年のプラザ合意によって、「国際的な金融協調」と「日本とドイツによるアメリカ国債の大量購入」が制度的にも確立されました。

さらに2000年代に入ると、世界最大の貿易黒字国となった中国も、アメリカ国債を購入するようになります。

こうしたことにより、市場でのアメリカ国債の流通量が増大し、15%を超えていたアメリカ国債の金利は10%以下になり、アメリカ政府も民間企業も、資金調達コストが大きく低下。アメリカ経済は復活し、成長の道を歩み始めました。

しかしその後、アメリカ経済の成長にブレーキをかけたのが、2008年のリーマンショックです。これ以降、アメリカ国債の最大の買い手は中央銀行（日本でいえば日銀に相当します）、FRB（連邦準備制度理事会）となります。「量的緩和：QE（Quantitative Easing）」政策を行うために、FRBがアメリカ国債を大量に購入するようになったのです。

こうして見ると、1980年代以降のアメリカの財政赤字と、それをまかなうための国債発行は、日本やドイツ、中国といった諸外国と、中央銀行であるFRBによって支えられてきたことがわかります。

ちなみに、リーマンショック後の量的緩和政策が「QE2」と呼ばれるのは、文字通り2回目だからです。では、1回目の量的緩和（QE）政策はいつ行われたのでしょうか。

それは第二次世界大戦直後の1946〜1951年。当時、大戦中に大量発行された戦時国債は、銀行など民間企業が保有していました。そして、巨大な復興需要が見込まれることから金利が上昇し、国債価格が下落することが予想されました。その混乱を避けるため、戦時国債をFRBが簿価で買い上げることで、銀行などの民間企業を守ると同時に、民間経済に資金を供給したのでした。

戦後の復興需要と無料の全国高速道路網インターステートの建設などにより、アメリカは「ゴールデン50'ｓ」と呼ばれる高度経済成長を成し遂げ、税収は急拡大して財政が好転し、国債の残高対GDP比率は低下しました。QE2は、こうした終戦直後の成功体験を背景に行われた、2度目の大規模な量的緩和政策という側面があるのです。

国家も、企業も、個人も借金漬け

アメリカ国債というのは、アメリカという国家の借金です。財政赤字を穴埋めするために、1980年代から国債の発行が拡大し、2008年のリーマンショックによって、さらに拡大しました。

つまり、アメリカは国家として借金漬けになっている、と言うことができます。

リーマンショック後、FRBは国債を大量購入するとともに、金利を引き下げ、超低金利を維持してきました。この超低金利にも支えられ、GAMFA（グーグル、アマゾン、マイクロソフト、フェイスブック、アップル）を主力とする「ナスダック（NASDAQ）総合指数」は、2009年の底値から2020年の高値まで約7・8倍、「最強」といわれるアマゾンの場合、直近の株式時価総額は160兆円、株価は1株当たり純利益の120倍まで上昇しました。

幅広い業種の代表的な30銘柄で構成する「ダウ平均株価」も4・5倍上昇しています。なぜこれほどまでに株価が上昇しているのでしょうか。もちろん業績が好調な企業が多いからなのですが、実はそれだけではありません。超低金利で借入を行い、それを自社株買いや配当に回す「株主還元バブル」が起きているからです。

超低金利であることをよいことに、企業は借入を極大化して、そのお金で自社株を買い、配当を最大化して株主還元バブルを発生させました。そして、自己資本最小化＝借入最大化によるROE（Return on Equity：自己資本利益率）最大化を図ってきたのです。

〔図2〕　世界株式インデックス国別割合

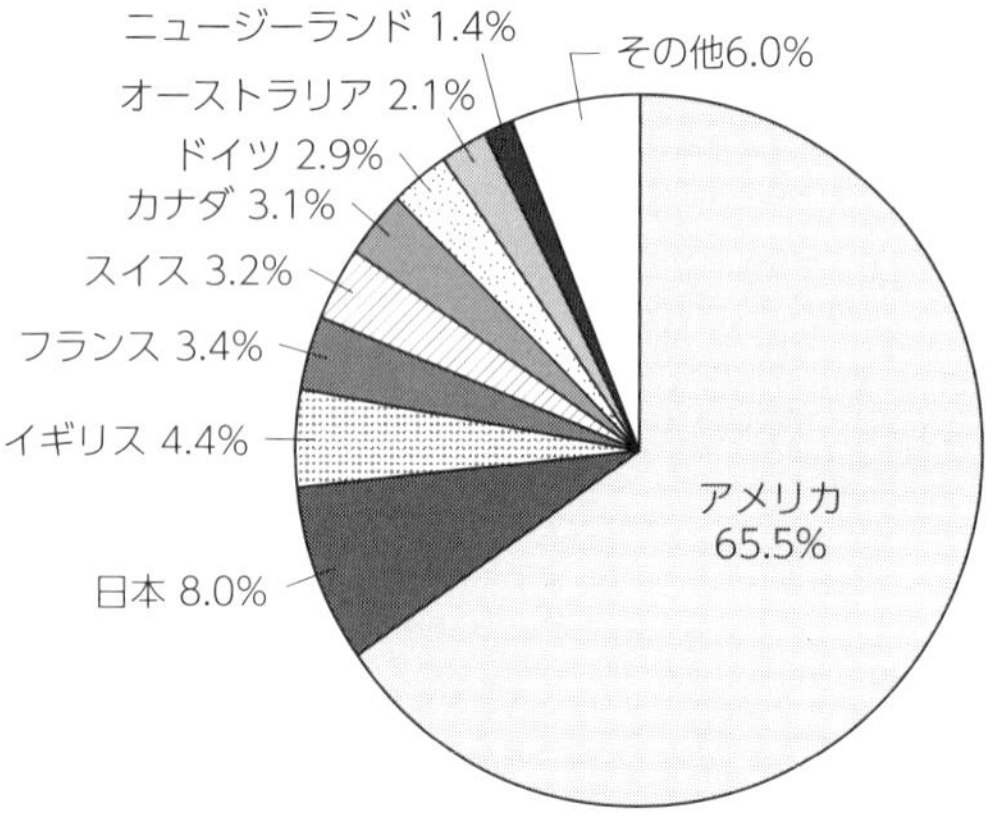

(MSCI World Index - 国別配分)　2020年6月30日

これにより、日本をはじめ世界の年金が使用する世界株式市場インデックス（ＭＳＣＩ世界株式指数）に占めるアメリカ株式市場の割合は、２０２０年、60％を超えています。世界のＧＤＰに占めるアメリカの割合は20％強ですから、それを大きく上回ります。

こうしたアメリカの株高をこれまで構造的に支えて来たのは中国を中心としたサプライバリューチェーンというリアル経済と、中国や日本が貿易黒字をアメリカ国債中心の債券市場に還流させて低金利を支える、という2つのグローバリゼーションでした。しかし、トランプ政権誕生以降のアメリカはそれを根底から変えようとしてきました。

そして、借入を極大化しているのは、国家と企業だけではありません。アメリカでは、個人もまた借入を極大化しています。個人全体としては、借金よりも貯蓄のほうが多いのですが、その貯蓄をしているのは主として所得上位10％の人たちであり、下位層90％の人たちの多くは貯蓄を取り崩し、所得以上の消費を行っています。

アメリカの格差は拡大しており、アメリカ人の10人のうち9人に貯蓄以上のローンなどの債務＝借金があるのです。

現在のアメリカは、国家としてだけではなく、企業も個人も借金漬けだと言える状態なのです。

金利が上昇したらどうなるか？

国家も、企業も、個人も借金ができるのは、超低金利だからです。超低金利だから、借金をしていても大丈夫、いや、借金をしたほうがいろいろと得だと思っているのでしょう。

では、この超低金利が何らかのきっかけで終わり、金利が上昇し始めたら、アメリカはどうなるのでしょうか。

国家の借金である国債は、金利が上がれば、価格は下がります。現在、世界中に残存するアメリカ国債の平均的な「デュレーション（金利感応度）」は、10程度と推計されていますので、1％の金利上昇で国債の価格は約10％下落します。

仮に金利が、歴史的に見ればそれでも低金利だと言える3％に上がるだけで、国債の価格が約30％下がり、もし金利が5％に上がれば、国債の価格が50％下がるということになりますから、国債の価値が半減してしまう可能性すらあるのです。

借入を極大化し、それを株主還元に回している企業は、金利が上昇すれば、その分、返済金額が増えます。1億ドルの借入をしている企業は、ゼロ金利なら金利返済金額はゼロですが、金利が5％になれば、返済金額は毎年500万ドルになり、10年続けば5000万ドルも返済金額が増加します。

つまり、歴史的な超低金利を利用し、借入を極大化している企業は、金利の上昇によって急速に財務の悪化に見舞われることになります。金利が上昇することに対して、アメリカの企業は非常に脆弱になっているのです。

これは個人も同じです。金利が上昇すれば、それだけ返済金額は増えます。企業も、個人も、超低金利がこれからもずっと続くことを前提に、借入を極大化してきましたが、もし何らかのきっかけで金利が上がると、返済が難しくなる可能性があり、破綻する企業や破産する個人が続出するかもしれません。

このように、現在のアメリカ社会、アメリカ経済は、借入を極大化しているために、金利上昇に対して非常に脆弱な構造となっているのです。

パンデミックで国債発行は未曾有の領域へ

ただ、現在のアメリカに対して、このような懸念をもっているのは、私を含めて、マーケットの中ではまだ圧倒的に少数派です。

それでは、ほとんどのマーケット関係者は、どのように見ているのでしょうか。

「FRBが大量に国債を購入して資金供給を行い、景気を支えているのだから、それには逆らわないほうがいい」

「アメリカの経済は強く、景気のいい状況は今後も続き、株価はまだまだ上がる」

マーケット関係者の多くが、このように思っているのではないでしょうか。確かに、アメリカの財政が持続可能な限りにおいては、そうなのかもしれません。

しかし、アメリカの財政赤字は、２０１９年度、年間1兆ドル（1ドル＝１０５円で約１０5兆円）に近づきました。これだけでも、結構大きな金額でした。

２０２０年はこれに、新型コロナウイルスのパンデミックへの対策費用が加わります。２０２０年9月現在、新型コロナウイルスによるアメリカの被害は拡大を続けており、終息はまったく見通せない状況です。アメリカはコロナ患者及び死者が世界で断然最大であり、その対策費用はアメリカ史上最大の財政赤字と国債発行をもたらしています。コロナという外から来たパンデミックがアメリカに危機をもたらしています。

アメリカ財務省は、２０２０年4～6月期に2兆７５３０億ドル（約２８９兆円）弱を国債発行などで調達。同7～９月期も９４７０億ドル（約１００兆円）を調達する見通しです。さらに、同10～12月期も1兆２１６０億ドル（約１２８兆円）の借入を見込んでいます。

合計すると、２０２０年は5兆ドル弱の国債発行が見込まれており、これは前年の約5倍になります。こうした巨額の資金調達のほとんどは、新型コロナウイルス対策として、医療の拡充やワクチン開発、治療薬開発、企業や個人の損失の助成、景気刺激策などにつかわれるわけですが、これで終わりというわけではなく、パンデミックが続く限り今後も同じような状況が続くことが予想されます。

税収激減でさらに財政赤字が拡大

第二次世界大戦直後の量的緩和（ＱＥ）政策は、その後の高度経済成長と税収増加による財政健全化、国債の信用回復といったポジティブな結果をもたらしましたが、今回はどうもそのような結果になりそうにはありません。

なぜなら、２０２１年以降、さらに財政赤字が拡大することは確実だからです。財政収支というのは結局、「収入マイナス支出」ですから、収入が減れば財政赤字が増えます。国家の収入の多くは税収ですが、パンデミックにより経済活動、消費活動を抑制せざるを得ない以上、税収が減ることは確実でしょう。

現在は巨額の支出のほうに目が行っていますが、今後は、税収が大幅に減少することに注目が集まるはずです。

純利払い費を除いた「基礎的財政収支（プライマリーバランス）」が赤字になり、悪化することは、アメリカの財政に非常に大きな悪影響を及ぼします。

こうした未曾有の国債発行とそれに伴う金利上昇圧力、さらには税収の激減に対して、アメリカの財政がどこまで耐えられるのかは、今後、巨大な疑問となるでしょう。

２０２０年に5兆ドルに迫りそうな国債発行が、２０２１年、２０２２年にも高水準で続く可能性も十分にありえます。５兆ドルというのは、日本全体の１年間のＧＤＰ全体に匹敵します。

新型コロナウイルスのパンデミックという巨大なブラックホールが、アメリカの経済資源を消失させ、さらに税収の回復力まで奪ってしまう。

そうなれば、仮にパンデミックが終息したとしても、財政赤字は拡大し、国債の発行がさらに増加、市場での消化が困難になり、ＦＲＢの信用、つまりドルの信用の低下を招き、ついには金利が上昇するリスクも顕在化するでしょう。

そうした見通しが共有された時点で、強気だったマーケット関係者からも、「本当にこのまま国債を発行し続けることが可能なのだろうか」「国債を償還できなくなるのではないか」といった声が出始めるのではないでしょうか。

再来する「クラウディングアウト」

先に、これまで増加するアメリカ国債を買い支えてきたのは、日本やドイツ、中国などの諸外国とＦＲＢだと述べました。

しかし、ドイツや日本などもパンデミックによって経済が停滞していますので、自国の財政赤字をまかなうのに精一杯で、今後さらにアメリカ国債を買い支える余裕は出てこないでしょう。

中国は世界第2位の経済大国であり、パンデミック下でも年数%程度の経済成長が予想されていますから、アメリカ国債を買う余裕はあります。ただし、アメリカの議会や政府が中国敵視政策を進めていますから、中国もアメリカを助けるような国債の購入は行わないでしょう。

それどころか、逆に保有しているアメリカ国債を売り始めてもおかしくありません。

だとすれば、アメリカ国債を買い支えられるのは、中央銀行のＦＲＢだけということになります。

行政府が資金需要をまかなうために大量の国債を発行すると、それによって市中の金利が上昇するため、企業の資金需要が抑制されます。これを「クラウディングアウト（Crowding Out)」（日本語で「押し出す」の意）と言います。

急増する国債発行需要が、企業の資金調達にクラウディングアウトを起こして短期金利が20

％を超え、企業が資金の調達不能に陥ったのが、１９８０年代初頭のアメリカでした。

その後、ドイツや日本、中国がアメリカ国債を買い、リーマンショック後はＦＲＢが買うことで、クラウディングアウトという言葉は死語になりました。

しかし、その大前提は、財政が最終的に健全化し、国債の価格は保たれ、国債の保有者たるＦＲＢの信用、つまり発行するドルの価値は保たれるという「連鎖的信用装置」が機能することです。

「パンデミックが長期間続けば、アメリカの財政健全化は不可能になる」

こうした予測をマーケット関係者がしたとき、アメリカ国債とドルの信用は低下し、ＦＲＢ以外に有力な買い手がいないアメリカ国債市場の需要が大幅に低下。金利は上昇し、企業の資金調達は逼迫します。そして、それらが株式市場に大いなる悪影響を及ぼすのは、火を見るより明らかでしょう。

空売りで儲けようとする人たち

頭のいい人たちが集まっている世界の金融市場では、当然、同様の予測をして、それをチャンスととらえて行動に出る人がきっと現れるでしょう。

２００８年のリーマンショックのときも、低所得者向けのサブプライムローンをまとめたサブプライム証券をショート——空売りをして儲けた人たちがいました。

クリスチャン・ベールが主演した『マネー・ショート　華麗なる大逆転』（原題「The Big Short」）という映画や、その原作であるマイケル・ルイス著『世紀の空売り　世界経済の破綻に賭けた男たち』（文春文庫）に詳しいので、興味のある人は映画を見るなり、本を読むなりするといいかもしれません。

また、世界的な投資家として有名なジョージ・ソロスは、１９９２年に、「イギリス国債・通貨ポンドは暴落する」という予測をして、ただ一人、自分のヘッジファンドでショート——空売りを始めました。

それに対してイングランド銀行は買いに向かいましたが、最後は決壊して、イギリスの通貨ポンドとイギリス国債が暴落して終わりました。国家に個人が勝ったのです。

このように、異常なまでに膨れ上がった国債などの金融商品を見つけて、それを儲けるチャンスととらえて、必ず誰かショートする人が出てくるというのが、金融資本主義の特徴なのです。

ですから、アメリカ国債であっても「限界が来る」と判断した人が現れたら、ショートが始まり、国債の価格が下がり始め、金利は逆に上がり始めるということが、十分起こり得るのです。

仮にアメリカ国債の時価総額が24兆ドルのときに5％金利が上がったら、国債の価格は半減し、12兆ドル分、1200兆円以上の価値が吹き飛んでしまう可能性があります。アメリカ国債が暴落し、金利が上昇すれば、その悪影響は必ず世界に広がります。

つまり、アメリカ国債の暴落をきっかけに、世界大恐慌が起こることが危惧されるのです。

なぜリーマンショックは大恐慌とならなかったのか？

世界大恐慌（Great Depression）とは、経済システム全体が大きな打撃を受け、それによる不況が世界各国で長く続くことを指します。

リーマンショックも100年に1度の世界的な金融危機と言われましたが、それでも世界大恐慌にはなりませんでした。それは、リーマンショックによる株価の暴落が、最初の3日間に集中し短期間で終息したからです。

さらに重要であったのはリーマンショックの発生と同時に、アメリカを中心に、EUや日本はもとより、中国を含む世界の主要国が国際的な協力体制をつくって助け合い、アメリカ発のリーマンショックが世界に広がることを防いだことでした。中国は史上最大規模の財政支出を行って、世界経済に貴重な需要を生み出しました。弱体化したギリシャはEUをはじめとする国際的な支援で国家破綻を免れました。

戦前の1929年にアメリカ発の株価暴落が起き、世界に信用不安が広がったときには、植民地帝国イギリスや豊かなアメリカが「自国第一主義」に走り、保護貿易で他国を閉め出して、ワイマール共和国のドイツや日本に経済危機をもたらし、大恐慌を世界に広め、第二次世界大戦を誘発しました。この教訓に学んだ行動を2008年のリーマンショック当時の世界首脳は取ったのです。リーマンショックの5カ月後に私が出版した『日本「復活」の最終シナリオ「太陽経済」を主導せよ！』（朝日新聞出版）の中で「『戦前型』大恐慌が起きない理由」という節で詳しく解説していますから、参照してください。

しかし、もしパンデミックからの金融と経済の危機にアメリカをはじめ各国が「自国第一主義」で臨んだら、大恐慌は世界に広がるでしょう。

とにかくリーマンショックでは、金融危機対応のための財政赤字は短期間に確定しました。

しかし、パンデミックは3日間というような短期間で終わりません。おそらく2021年以後も続く可能性があります。そうなると、この間は経済の実需の減少が続き、財政赤字はどんどん拡大していくことになります。

リーマンショックによる危機はごく短期間で確定しましたが、コロナのパンデミックに対応するための財政赤字は長期間続きます。これが、リーマンショックは世界大恐慌にならずに、今回は世界大恐慌につながる可能性があるという、理由の1つ目です。

リーマンショックや、2000年前後のITバブルの崩壊といった局面で株価の暴落が与える経済への悪影響が比較的短期間で済んだのは、FRBが金利を下げることで景気を刺激することができたからです。

過去30年のFEDの政策金利（FFR）と株式のグラフを見てもらうとわかるように、株価が暴落したら、FRBが金利を下げて景気を刺激し、景気回復によって株価が上昇し始めたら、逆に金利を上げることで過熱気味のマーケットを冷やすというサイクルを繰り返してきたことがわかります（図3）。

今回も、パンデミックになる前までは、マーケットの過熱を冷やすために、FRBは金利を少しずつ上げていました。しかし、パンデミックによる景気の悪化を受けて、金利をゼロにま

〔図3〕
アメリカ政策金利（FFR）/ NY ダウ指数 / NASDAQ 総合指数　の推移（1990〜現在）

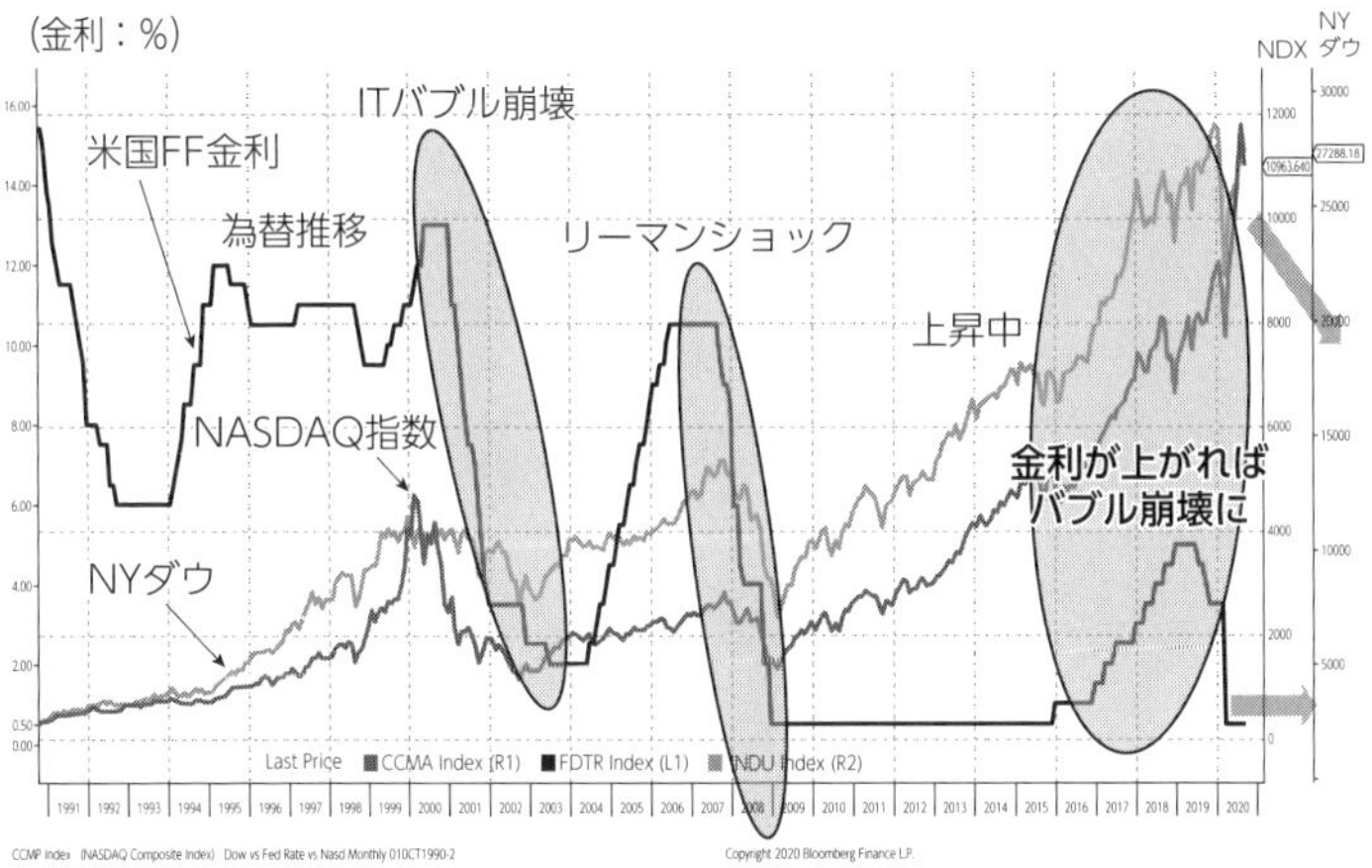

で下げざるを得ませんでした。このため、株価の上昇は２０２０年９月現在も続いたままです。

ただ、この株価の上昇もいつかは終わります。何かのきっかけで株価が急激に下がったとき、ＦＲＢは金利を下げることができません。なぜなら、すでにゼロ金利だからです。金融政策によって景気を刺激することができなければ、次に起きる株価の暴落による経済への悪影響は短期間で終わらず、長期化する可能性が非常に高くなるということです。

これが、リーマンショックやＩＴバブルの崩壊のときとは異なる点であり、今回は世界大恐慌につながる可能性があるという、理由の２つ目となります。

裏を返せば、ここ30年間に起きた株価の暴落は、ＦＲＢが制御可能なものだったと言えるでしょう。だから、リーマンショックやＩＴバブルの崩壊は、世界大恐慌にはつながらなかったのです。

しかし、今回は違います。ＦＲＢは金利を下げることができず、アメリカ国債の価格を上昇させたり、企業の金利コストを下げたりして、景気刺激策を行うことができません。

また、リーマンショックのときには、世界各国が協調して金融緩和を行いました。アメリカのＦＲＢだけでなく、欧州中央銀行（European Central Bank）も、日本銀行も、各国の中央銀行が協力しながら量的緩和政策を実行し、大金融緩和政策を行いました。

大量の国債発行によって捻出した資金は、政府からの金融機関や企業、個人などへの救済に当てられました。

そして、リーマンショックのときは、中国もこうした国際協調に加わり、４兆元（60兆円）に及ぶ世界最大の財政支出、景気対策を行いました。これにより、世界的な需要をつくり出したことも、世界大恐慌につながらなかった要因でしょう。

こうした国際協調こそ、アメリカをはじめとした世界各国が戦前の世界大恐慌を引き起こしてしまった失敗に学び、戦後つくりあげた世界経済の安全装置でした。

しかし、トランプ政権誕生以来のアメリカは、「アメリカ・ファースト」を標榜し、国際協調に対して背を向けています。さらに中国に対しては敵視政策を取っていますので、ＥＵや中国との協調によって世界経済が救済されるという可能性は非常に低いと言えるのです。

これが、リーマンショックのときと現在の大きな違いであり、今回は世界大恐慌につながる可能性があるという。理由の３つ目となります。

「ＭＭＴ」は正しいか？

リーマンショック後の金融緩和では、ＦＲＢなど中央銀行が国債を購入するようになりましたが、これはそれまで「禁じ手」でした。

財政赤字をまかなうために政府が国債を次々に発行し、それを中央銀行がお金を刷ってどんどん購入したらどうなるでしょうか。歴史に実例があります。のちにアドルフ・ヒトラーによる独裁を招いたドイツ・ワイマール共和国が、「マネタイゼーション」と言われる中央銀行による国債引き受けを行い、ドイツにハイパーインフレを引き起こしました。

国債がデフォルト（債務不履行）したアルゼンチンも、本質的に同じようなことをやりました。政府が発行した国債を中央銀行が購入するのが「禁じ手」だったのは、それがハイパーインフレを引き起こし、国家の破滅へのはじまりだと考えられていたからなのです。

では、アメリカや、同様のことをやっている日本は大丈夫なのでしょうか。

政府が国債を次々と発行し、中央銀行がそれをどんどん購入することの是非をめぐって、近年、「MMT（Modern Monetary Theory）」という理論が登場しました。

この理論によれば、自国通貨ドルが世界の基軸通貨であるアメリカでは、中央銀行であるFRBが国債をいくら買っても、ハイパーインフレはもとより、国債価格の暴落やデフォルトといった危機は起こらないとされています。ドルが基軸通貨であるため、ドル紙幣をどんなに大量に印刷しても、それを吸収するだけのドル需要が世界中にあるから、というのが理由です。

一方で日本の場合は、貿易黒字国であり、アメリカ国債などを大量に保有する世界最大の債権国であるため、日本銀行が日本国債を購入しても危機は起こらない、とMMTでは説明しています。

私は、リーマンショックまでの、経済危機をFRBが制御可能で金利低下が経済と税収を回復してきた「コロナ以前」のアメリカではMMTは概ね正しいと思います。しかし、コロナというパンデミックのもとでは金利をゼロにしても財政赤字が拡大するという状況となり、金利低下と国債発行が経済と財政を回復させるというMMTが想定した事態は生まれなくなってしまいます。

つまり、国債の発行が続けば、どこかで限界を迎えるということです。アメリカは、その限界が近いのではないか、というのが私の見立てです。

国債・通貨・株式のトリプル暴落という悪夢

もちろん、現段階では、「ドルは強い」「FRBの政策は正しい」「アメリカ国債がデフォルトするなんてあり得ない」と考え、アメリカが国債を20兆ドル、30兆ドル発行し、それをFRBが全部買い上げても何の問題もない、と考える人のほうが多いでしょう。

しかし、それほどまでにドルは永遠に強く、これからも世界的なドル需要が継続するのでしょうか。それは「共同幻想」なのではないでしょうか。

アメリカの中央銀行であるFRBといえども、経済原則に則って行動をしなければならないのは当然です。国債は借金ですから、満期が来たら利子をつけて借金を返す必要があります。

そのとき、果たしてアメリカに返済原資はあるのでしょうか。

パンデミックによって今後数年間、アメリカの税収は激減したままになることは容易に見通せます。また、パンデミック以前の税収が高かったときでも、年間1兆ドルに近い財政赤字だったことを考え合わせれば、今後、雪だるま式に財政赤字が膨れ上がることが考えられます。だとすれば、いったいどうやって国債の返済を行うというのでしょうか。

考えられるのは「名目的に」国債を返済する方法です。つまり、インフレーションを起こすことで、国債の実質的な価値を下げ、名目的に返還するという方法です。

ただ、私は、アメリカ政府が意図的にインフレーションを起こす前に、マーケットの論理によって国債の価格が下がり始め、つまり金利が上昇し、さらに国債が暴落してしまうと予想しています。

アメリカ国債が暴落する、アメリカ国債の信認が揺らぐということは、アメリカの通貨であるドルの信認も大きく揺らぐということです。そして金利が上がり、国債と通貨への信認が揺らげば、それが株式市場に悪影響を及ぼすことは確実です。

つまり、アメリカ国債の暴落のリスクが明らかになるときに、アメリカの通貨ドルの暴落、アメリカ株式市場の暴落というトリプル暴落が起こるという、第二次世界大戦後未体験の事態が現実となる可能性が高いのです。

1929年に始まった世界大恐慌は、アメリカの株式市場の暴落がきっかけでした。一方、今回はアメリカの国債の暴落への恐怖もまた世界大恐慌へのきっかけとなるでしょう。

なぜならば、国債から起きる大恐慌は、国債が暴落するだけにとどまらず、通貨アメリカドルの暴落を招き、2020年9月現在、史上最高値を更新し続けている株式市場の暴落をも引き起こすからです。

アメリカ国債は、日本をはじめ世界各国の政府や年金基金、保険会社などの金融機関が幅広くもっています。したがって、アメリカ国債が暴落するだけでも、世界各国は大打撃を受けます。それに基軸通貨ドルと株式市場の暴落が加わったとき、世界経済がどうなってしまうのか。これまで第二次世界大戦後の世界が経験したことのない未曾有の経済大恐慌になる可能性が高いのではないかと、私は非常に危惧しています。

以上が、私が考えるアメリカ発、「21世紀型大恐慌」への経路です。

2 アメリカはどこで道を間違えたのか？

大恐慌を未然に防ぐことはできないのか？

１９２９年に始まった世界大恐慌は、株式市場の暴落がきっかけでした。２０００年前後のＩＴバブルの崩壊も、株式市場の暴落がきっかけです。

これに対して、リーマンショックは不動産市場から始まりました。低所得者向けの住宅ローン、サブプライムローンがきっかけでした。

そして今回の「21世紀型大恐慌」は、戦後初めて、国債市場を震源地とし、株式市場や通貨ドルと連動するというのが最大の特徴です。

では、アメリカはこの「21世紀型大恐慌」を未然に防ぐことができないのでしょうか。残念ながら、非常に難しいと言わざるを得ません。なぜなら、21世紀型大恐慌の前提となるアメリカの借入の極大化という現状、つまり、国家、企業、個人が借金漬けになっているのは、それぞれの合理的な判断による行動の結果であり、簡単に解消することはできないからです。それぞれ見ていきましょう。

まず、国家が財政赤字をまかなうために国債を発行すること自体は、どこの国でも行っていることです。リーマンショック後、FRBが国債を購入するという「禁じ手」も、戦後の量的緩和（QE）政策の成功体験もあり、100年に1度と言われた世界的金融危機を抑え込むためには、取らざるを得なかった手段だったと言うことができます。

実際、量的緩和政策によってアメリカ企業の業績は回復し、その後も好調を継続。株価は2020年9月現在も、右肩上がりに上昇しています。

予想外だったのは、やはり新型コロナウイルスのパンデミックです。これにより長期間にわたって需要が激減。財政赤字が雪だるま式に膨らみ、それをまかなうために大量の国債を発行するしかないという現状と近未来に対して、どうにもそれ以外の方法が見当たりません。

もちろん、こうした世界的パンデミックが起こるリスクについては、以前から専門家や研究機関による多くの指摘がありました。にもかかわらず、備えを怠ったという問題は確かにありますが、それがアメリカに限ったことではないことは、世界に広がるパンデミックの現状を見れば明らかでしょう。

次に企業ですが、企業が低金利をいいことに借入を極大化し、そのお金を自社株買いや配当などの「株主還元バブル」に注ぎ込んでいるのも、株主第一の金融資本主義では、至極当然のことだと言えます。企業経営者に、何かよこしまな考えがあって、借入の極大化が行われたわけではないでしょう。

個人を借金漬けにした格差社会

ただ、個人が借金漬けになっているのは、格差問題が背景にありますから、ここにメスを入れていれば、アメリカ人の10人のうち9人が貯蓄以上に借金をしているという状況は避けられたかもしれません。

格差問題が、経済成長に悪影響を与えることは以前から指摘されていました。簡単に説明しましょう。

格差社会においては、少数の富裕層だけがお金を貯め込んでいます。この人たちは生活必需品や、欲しいと思うものはすでにその多くを所持しているので、収入がさらに増えたとしても、同じ額だけ消費を増やしません。増えた分の収入は投資や貯蓄に回り、資産は増える一方ということになります。

他方、９割の人たちは、ネットで見たときに貯蓄が基本的にありません。収入でまかなえない支出は、ローンなどを組んで将来的に分割して支払うのが当たり前になっています。とは言っても、過大な借金をするのは自己破産につながり怖いので、最低限の借金にとどめるのが一般的、だから消費をできるだけ切り詰めます。

富裕層の消費が増えず、非富裕層の消費も拡大しないのですから、経済が成長するはずがありません。格差社会が経済成長を阻害するのは、こうした理由からです。

そこで、２００８年のリーマンショック以前にはサブプライムローンなどの、それまでお金を借りられなかった人でも借りられるローン商品をつくり、非富裕層の借金を膨らませることで、消費を拡大してきました。

サブプライムローンは住宅ローンでしたが、自動車ローンや学費ローンなど、アメリカには、こうした非富裕層向けのローン商品が多種多様にあります。これにより、９割の人たちは借金漬けになっているのです。

消費を拡大するためにローン商品を開発する金融機関も、低金利だからとローンで商品やサービスを購入する個人も、「そのほうが得だ」という合理的判断に基づいた行動の結果です。「何が悪いのか」と言われれば、「何も悪くない」と答えるしかないでしょう。

このように、国家も、企業も、個人も借入を極大化していることは、それぞれにとって合理的な判断による行動の結果なのです。だから現在も、それぞれが借入の極大化を続けています。

国家は国債の発行の継続をやめられませんし、企業と個人も、超低金利である以上、借入の極大化をやめる理由はないでしょう。

ただ、超低金利であれば保たれるこの借入の極大化という均衡も、金利が上がると一気に崩れ、悪循環が始まってしまいます。どこに国債発行の「限界」があるのかは、誰にもわかりません。しかし限界を迎えた瞬間に、金利が上がり始め、世界大恐慌への扉が開くことになるのです。

相似する、現在と1930年代のアメリカ

現在のアメリカは、1929年に始まった世界大恐慌直後のアメリカとよく似ています。当時のアメリカも現在と同様に自国第一主義を掲げ、世界一豊かな国なのに、自国産業保護と称してドイツや日本などからの輸入などを制限しました。国民の間の格差も極端に広がった社会で、金利を下げても経済が活性化しない状況でした。そこで、1933年新たに大統領に就任したフランクリン・ルーズベルト政権が需要を喚起するために行ったのが、有名な「ニューディール政策」です。

ただし、この世界大恐慌からいち早く抜け出したのは、実はドイツでした。ドイツはまず、銀行預金の保護を実行しました。それから、無料の高速道路――アウトバーンを全国につくり、国民車フォルクスワーゲンをつくりました。フォルクスワーゲンは、現在は世界有数の民間自動車メーカーですが、ナチス政権の国有企業として誕生したという歴史があります。

自動車メーカーと無料の高速道路をつくることで、交通インフラを劇的に改善させ、こうした経済政策により、失業者が600万人から30万人にまで激減し、国民の喝采を浴びました。

戦後、アメリカはこれを真似て銀行預金の保護制度をつくり、連合軍最高司令官であったドワイト・アイゼンハワーの政権が、無料の高速道路網を全国につくり、ゴールデン50'sの高度成長をもたらしました。

世界大恐慌を最初に抜け出し、高度経済成長を実現して軍事大国になったからこそ、ヒトラーはヨーロッパ征服を始めることができたのです。そして彼は、イギリスやフランスが中心となってつくり上げた植民地帝国体制を打破することを目指しました。

だから、アメリカのルーズベルト大統領は、１９４１年８月、大西洋憲章を結ぶときに、ナチスドイツのイギリス上陸が迫り、アメリカの対ドイツ参戦を懇願するイギリスのチャーチル首相に対して、「この戦争を引き起こしたのは、あなたの国と私の国だろう」と言ったのです。つまり、イギリスの植民地主義とアメリカの株価暴落から始まり両国の保護貿易が悪化させた世界大恐慌が第二次世界大戦を誘発したのだと……。

ここで話を、ニューディール政策に戻しましょう。

ニューディール政策は、簡単に言えば、多額の財政出動によって需要を喚起する政策です。ルーズベルト大統領は、このニューディール政策で、世界大恐慌を克服しようと考え実行しました。

ただ、このニューディール政策の成否が判断できる前に、第二次世界大戦に突入してしまったので、ニューディール政策によって世界大恐慌を克服したのか、第二次世界大戦のための軍事支出によって克服したのかは、経済学者の間でも意見が分かれています。

私は、良くも悪くも第二次世界大戦によって、世界大恐慌を克服したと考えていますが、今回の「21世紀型大恐慌」は、世界大戦なしに克服できると考えています。これについては、2章で詳しく述べます。

ＢＩＳ規制の標的は、日本の銀行だった

借入を極大化しているアメリカの現状を見ると、世界大恐慌を未然に防ぐことは難しいと言わざるを得ないのですが、それでは、アメリカはいったいどこで進むべき道を間違えてしまったのでしょうか。

私は、そもそもの過ちは、１９８８年にアメリカ主導でつくられた「ＢＩＳ（Bank for International Settlements：国際決済銀行）規制」にあると考えています。

多くの人は、ＢＩＳ規制と現在の国債の問題が関係していることをほとんど知らないと思います。

ＢＩＳ規制は、国際業務を行う銀行の自己資本比率を定めた国際基準です。ＢＩＳに加盟する先進諸国の政府と中央銀行の代表者で構成されるバーゼル銀行監督委員会が１９８８年に合意し、１９９２年末（日本は１９９３年３月末）から適用されています。

ちなみに、ＢＩＳというのは、第一次世界大戦後の賠償問題を処理するために設立された国際機関です。スイスのバーゼルに本部があるので、ＢＩＳ規制はバーゼル合意とも呼ばれています。金融超大国アメリカの影響が強い組織です。

ＢＩＳ規制のポイントは、損失のリスクが伴う資金を貸し出す場合、資産総額（リスクアセット）に対する資本金などの自己資本比率を８％以上確保するように、国際業務を行う銀行に求めている点です。

これにより、自己資本比率８％以上をクリアできない銀行は、国際業務ができなくなりました。

このＢＩＳ規制がつくられた１９８０年代当時の標的になっていたのが、日本の銀行です。１９８９年の世界の株式時価総額ランキングを見ると、２位が日本興業銀行、３位が住友銀行、４位が富士銀行、５位が第一勧業銀行、７位が三菱銀行と、ベスト10の半分が日本の銀行だったのです。

当時、これらの大手銀行が日本企業のメインバンクとなり、資金繰りはもちろん、経営戦略に関わり、株式を保有し、時には経営者を派遣してまで支援することで日本企業も大手銀行も世界トップの業績をあげていました。その結果、世界時価総額ランキングのベスト50社のうち、実に6割を超える32社が日本企業でした。

BIS規制は、日本経済の要である、この「メインバンク制」を終わらせることを目的につくられたのではないか、と当時から私は考えています。なぜか。

日本の銀行の自己資本比率は、BISの定める自己資本比率の算出方法では3～4%と、8%以上という基準を満たしていませんでした。

なぜなら、リスクを算出する方法が特異だったからです。銀行が行う貸付も、所有する株式や不動産もリスク100%で計算するのに対して、OECD（経済協力開発機構）加盟国の国債のリスクはゼロ%。経済危機に陥り、投資不適格とされることになるギリシャの国債でも、BISのリスク算出方法ではリスクゼロ%なのです。

企業への貸付や株式、不動産をリスク100%で算出する方法は、日本の銀行にとって圧倒的に不利でした。なぜなら、企業への貸付だけでなく、株式や不動産への投資などを積極的に展開するのが、日本の銀行のビジネスモデルだったからです。

一方、アメリカの銀行は、株式や不動産の所有がそもそも認められていませんでした。日本の銀行の自己資本比率は、ＢＩＳの定める算出方法で計算すると３～４％でしたから、このままでは、日本の銀行は国際業務ができなくなってしまいます。それを避けるため、自己資本比率が８％以上になるよう、日本の銀行は、貸付や株式、不動産への投資に急ブレーキをかけました。「メインバンク制」を放棄したのです。

これにより、世界トップだった日本の銀行の金融力が著しく低下することになります。

いかがでしょうか。ＢＩＳ規制導入の目的が、日本のメインバンク制を終わらせることだったという私の考えも、あながち間違いではないと思われたのではないでしょうか。

なぜ国債の大量発行が可能になったのか？

ＢＩＳ規制の導入には、日本のメインバンク制を終わらせるという目的のほかに、さらにもう１つ目的があったと私は考えています。

それが、アメリカ国債を日本の銀行に買わせることです。

先ほど述べたように、ＢＩＳの自己資本比率の算出ルールでは、ＯＥＣＤ加盟国、つまり先進国の国債はリスクゼロ％ですから、日本の銀行がアメリカ国債を買えば、それだけ自己資本比率が上がります。

つまり、ＢＩＳ規制には、アメリカ国債を日本の銀行に買わせたい、巨額の財政赤字を抱えるアメリカ政府の思惑があった、と考えるのが自然なのです。

こうしたアメリカの思惑は、日本の銀行も、それを統括する当時の大蔵省（現財務省）も察知していたと思います。だから、１９８０年代までは、ＢＩＳ規制の導入に強く抵抗していました。

しかし、１９９０年代に入ると一変して、日本の銀行はＢＩＳ規制を受け入れ、アメリカ国債だけでなく日本の国債も積極的に購入するようになります。なぜでしょうか。理由は大きく２つ考えられます。

１つ目の理由は、１９９０年代初めの日本経済のバブル崩壊により、企業貸付も、株式や不動産も、大打撃を受けた一方、世界的な金利低下でアメリカでも日本でも国債は値上がりしたからです。はからずもＢＩＳのリスクの定義通りになりました。

２つ目の理由は、各国の国債が低金利になり値上がりしたため、各国の政府は安心して国債を発行できるようになり、各国の銀行も安心して国債を買うことができたからです。世界に先駆けて超低金利となった日本はその最たるものでした。

各国の政府や政治家にしてみれば、消費税などを上げて税収を増やすよりも国債を発行するほうが簡単で、しかも調達した資金で大盤振る舞いができ、国民からの人気が上がります。だから各国の政府、財政金融当局は、銀行が積極的に国債を買うようになるＢＩＳ規制を大歓迎したのです。

これが各国の国債発行が今日まで増え続けてきた根本的な原因です。

では、なぜアメリカはＢＩＳ規制を導入して、日本の金融力を低下させ、アメリカ国債を買わせる必要があったのか、少しだけ歴史をひもといてみましょう。

１９２９年からの世界大恐慌が第二次世界大戦を誘発しました。終戦後は、戦時国債を大量にＦＲＢが買い上げる量的緩和政策によって、１９５０年代のアメリカは「ゴールデン50's」と呼ばれる高度経済成長を成し遂げます。

これによりアメリカは、世界のＧＤＰ（国内総生産）の約40％を占める圧倒的な貿易黒字国、世界ナンバーワンの経済大国となりました。

ところが、１９６５年、ベトナム戦争への本格介入が始まったあたりから、アメリカ経済は急速に悪化していきます。このときに台頭したのが、第二次世界大戦の敗戦国、日本とドイツです。日本とドイツがものすごいスピードで復興し、経済的な存在感を増していったのが、1960年代です。

日本のGDPが世界第2位になったのは、1969年。これは驚くべきことで、1945年の敗戦からわずか24年で世界第2位の経済大国になったのです。

1970年代に入ると、アメリカは財政収支の悪化が進み、財政赤字をまかなうために国債を発行せざるを得なくなります。しかし、なかなか買い手がつかないために国債価格は下がり、金利が上がり続けました。

増加する国債発行が企業の資金調達を押し出すクラウディングアウトも起きて、経済の停滞「スタグネーション（stagnation）」と、物価が上がる「インフレーション（inflation）」が同時に進む「スタグフレーション（stagflation）」にアメリカは陥ります。

このようにアメリカ経済は、1950年代から1960年代半ばまでは好調だったのですが、その後悪化し始め、1970年代には経済停滞の時代となりました。

エズラ・ヴォーゲル著『ジャパン・アズ・ナンバーワン（Japan as Number One）』が発刊されたのは1979年です。副題は「アメリカへの教訓」。戦勝国アメリカが、敗戦国日本の経済や経営から学ぶべきことが示された衝撃的な内容でした。

それだけアメリカ経済は自信を失っており、日本経済を脅威に感じるとともに、焦りも感じていたと言えるでしょう。それがその後のＢＩＳ規制につながるのです。

そして、アメリカはＢＩＳ規制を導入する以前にも、日本に対して政治的な圧力をかけ、アメリカ国債を日本に買わせる仕組みをつくります。

金利20％で、10％超のインフレを退治

１９８０年代、こうしたインフレと不景気が共存したスタグフレーションを抜け出すために、様々な解決策がアメリカで考え出されました。

ジミー・カーター政権の末期、１９７９年にＦＲＢ議長に任命されたのが、ポール・ボルカー氏です。就任当時は、２度のオイルショック後で、インフレ率が10％を超えていました。

インフレーションとは、通貨の価値に対して物の価値（物価）が上がることです。そこで、通貨の価値を上げるために、ボルカー議長は通貨の供給量を絞る金融引き締め政策を行います。

そして、10％超のインフレを退治するために政策金利を引き上げ、１９８１年には、政策金

利の誘導目標を20％にまで引き上げました。

それまで、不景気を克服するために国債を発行し、金融緩和で貨幣の供給量を増やす政策を実行していたのに対して、「逆だ」と言ったのがボルカー議長です。通貨供給量をコントロールしない限り、決してインフレ率は下がらないし、金利も下がらないと考え、果敢に金融引き締め政策を敢行しました。これが世に言う「ボルカーショック」です。

しかし、ボルカー議長の金融引き締め政策は、政治家からも、国民からも反対されます。なぜなら、金利が上昇したため工場の稼働率が約60％に低下し、失業率が約11％に跳ね上がったからです。

こうした強力な反対運動にあったことで、１９８２年後半には、３年続けた金融引き締め政策を転換せざるを得なくなりました。

この間、１９８０年に13・５％に達していたインフレ率は、１９８３年には３・16％にまで10％以上下がりました。ボルカー議長は、スタグフレーションのインフレ退治には成功したのです。ただ、もう１つの経済の停滞から脱出することが残念ながらできませんでした。

そしてプラザ合意へ

1983年に設置された「日米共同円・ドルレート、金融・資本市場問題特別会合」、通称「日米円・ドル委員会」も、同委員会の解散後に始まった「日米金融市場作業部会」、通称「日米金融協議」も、基本的にはアメリカ国内だけではまかなうことが難しくなったアメリカ国債を日本に買わせることが目的の1つでした。

実際、日米円・ドル委員会設置後、高金利のアメリカ国債を日本の政府と企業が買い始めます。しかも、その量が非常に大量でした。1982年度にわずか58億ドルだった日本による外国債券の購入額は、1985年度には635億ドルと10倍以上に増えました。この外国債券のほとんどがアメリカ国債でした。

これだけ日本がアメリカ国債を買えば、当然、ドルは上がり、円は下がります。つまり、大幅なドル高円安が進みます。

日本は当時、自動車や電化製品などをアメリカに輸出していましたので、大幅な円安により輸出企業の利益は急激に膨らみます。それに伴って日本企業の株価も上昇。ドル高円安により、日本が買ったアメリカ国債も値上がりしました。

日本にとっては良いことずくめ。良いことはどんどん強化されていくもので、この好循環がさらにドル高円安を進めます。

他方、アメリカはドル高によって輸出企業の競争力が低下し、それに伴って株価が下がります。貿易においては、日本にとって良いことは、アメリカにとっては都合の悪いことになります。

「このドル高は日本がつくり上げている」

「日本は為替操作をしている」

アメリカは怒って、こう言い出しました。

当時、私は大和証券国際金融部に所属する駆け出しの金融マンでしたが、恩師だった徳山二郎氏の薦めで「対外貿易摩擦回避の方策」というレポートを書いて提出しました。

このレポートの要諦は、「アメリカは、1ドル200円台まで進んだ円安を一方的に日本のせいだとしているが、これは誤りだ。円安から円高へと為替が動けば、日本の貿易収支の黒字は縮小し、貿易摩擦の多くは解消される。アメリカが望むように円高にするためには、アメリカ国債を買うのを日本がやめればよい」というものでした。

アメリカ国債を買っていたのは郵便局の簡易保険と銀行、生損保などの金融機関で、外為法（現在の外国為替及び外国貿易法）には「有事の資本規制はできる」という規定がありました。このため、日本政府が資本規制をしてアメリカ国債の購入をストップすることは可能だ、そして円高によって日本は貿易大国から資産大国に変われる、と私は判断して提言をまとめました。

徳山氏は、中曽根康弘首相の経済ブレーンで、私のレポートを早速、中曽根首相に説明しました。その3週間後、中曽根首相はアメリカ国債の購入を抑制するよう、大蔵省と日銀に指示し、自ら発表しました。外為法上の有事規制こそ発動されませんでしたが、指示内容は、私のレポートの内容そのものでした。「アメリカが困ります」という反対意見に対して「それぐらいのことをやらないとアメリカは日本を認めない」と中曽根首相が決断したと徳山先生から聞きました。

結果、アメリカ国債は暴落し、円は1日でドルに対して約20円も高騰しました。国内外ともに大騒ぎとなりましたが、これをきっかけにアメリカ政府は政策を転換。日米独3カ国によるドル高是正の協調介入を開始しました。

このことがプラザ合意の端緒となったのですが、詳しいことを知りたい方は、拙著『勝つ力』（文春文庫）をお読みください。

以上をまとめると、アメリカ国債を日本に大量に買わせることに成功したがためにドル高円安が進んでしまい、それがブーメランのようにアメリカ経済を直撃しました。ＢＩＳ規制導入の背景には、こうした１９８０年代の日米貿易摩擦やドル高円安の進行などがあったのです。そして、アメリカは経済を復活させるために、ＢＩＳ規制という日本への強硬な手段を取ることにつながっていきました。

3 アメリカは「21世紀型大恐慌」後どうすべきか?

「21世紀型大恐慌」後のアメリカ

アメリカの国債が暴落して始まる「21世紀型大恐慌」が実際に起こったとしたら、その後、アメリカ社会ではどのようなことが生じるのでしょうか。少し具体的に考えてみましょう。

国債が暴落するということは、国債の金利が跳ね上がるということです。ＦＲＢにもコントロールできない、国債から始まるアメリカの金利全体の上昇が起きます。

前述した通り、国家も、企業も、個人も借金漬けですから、金利上昇は、これらすべてに大打撃を与えることになります。国家としては、すぐに破綻はしませんが、パンデミックによる経済停滞で、今でさえ苦しい企業と個人は、企業破綻、個人破産することになるでしょう。

その悪影響を受けて、金融機関の破綻も起こることが予想されます。

当然、現在史上最高値を更新し続けている株式市場も急降下します。これは私見ですが、国債の大暴落が起きれば、おそらく株価は市場全体で見て5分の1前後まで下がるのではないかと見ています。

これまでの株価上昇により、もらえる年金額が増え、資産も増大して「老後も安心」と思っていた裕福な人たちでさえも、株価が5分の1に下がれば、人生設計が大きく狂うことになるでしょう。

FRBが保有する大量のアメリカ国債が暴落すると、FRBが発行するアメリカの通貨ドルの信認も揺らぎます。それは、通貨の番人である中央銀行FRBの信認が揺らぐということですから、FRBが金利を下げようと、通貨の供給量を増やす金融緩和政策をいくら行っても、金利は下がらず、おそらくインフレを招くことになります。

通貨の供給量を増やしたことで通貨の価値が下がり、物価が上がるインフレとなり、それでも経済の停滞は続きますので、FRBにボルカー議長が登場する前の時代と同様、スタグフレーションになる可能性が非常に高いのです。

そうなってしまうと、金利もその時代と同様に10％超になるかもしれません。これは、借入を極大化している企業と個人を直撃しますので、壊滅的な打撃となることは間違いありません。

では、歴史に学び、同じスタグフレーションに直面した1980年前後、ボルカー議長が敢行した、これまでとは真逆の政策――通貨の供給量を絞る金融引き締め政策を今回も行ったらどうなるでしょうか。

これは、FRBがアメリカ国債の購入額を劇的に減らすということです。

「21世紀型大恐慌」後は、日本をはじめとした先進国も、自国の財政を立て直すだけで精一杯です。中国には多少の余裕があるかもしれませんが、アメリカが中国敵視政策を続けている限り、中国が買う可能性はほぼゼロです。

つまり、金融引き締め政策を実行すれば、アメリカ国債の買い手がいなくなり、価格はさらに下がり、金利が上昇することになりますので、経済に壊滅的な影響を与える結果になるのではないか、と私は予想しています。

FRBが経済を救済しようと金融の緩和政策を行っても、引き締め政策を行っても、その意図とは逆に金利を引き上げてしまい、通貨ドルへの信認を低下させてインフレを招いて経済を悪化させてしまう。インフレと金利上昇が頂点に達するまで止まらなくなる。これが、今回の大恐慌の一番怖いところです。

そこから先の大恐慌の克服には、アメリカ国内だけでなく中国を含めた世界各国からの信認を取り戻すために、本当に抜本的な改革が政治と経済の両面で必要になります。

アメリカ経済の構造転換と再生

「21世紀型大恐慌」に陥ってしまうアメリカ経済の構造問題は今から55年前のベトナム戦争本格介入のときから始まりました。そうした長期の構造問題の解決なくしてアメリカ経済の真の再生は不可能です。

アメリカの第1の構造問題は長期にわたる経済と社会の「持続可能性」の低下です。一方で、アメリカは世界の株式市場インデックス（ＭＳＣＩ Ｗｏｒｌｄ Ｉｎｄｅｘ）の60％を超える経済超大国でありながら、国民の90％は借入に頼って生活しています。１９５０年代までは、「世界の工場」だったアメリカの工場労働者の多くは年金や健康保険を一生会社に保障してもらい大学教授より給料が高いと言われました。そうした、主に内陸部の白人層から成る豊かな「中産階級」の生活が「アメリカンドリーム」でした。しかし、１９６０年代からは力をつけてきた日本とドイツの製品に市場を奪われ始め、1980年代は「ジャパン・アズ・ナンバーワン」といわれた当時の日本にアメリカのシンボルだった自動車や家電製品の国内市場を奪われました。

1990年代からは、アメリカ企業は「改革開放」を進める中国にこぞって生産拠点を移し、コストダウンと収益改善に成功しました。そして、中国は日本と同様にアメリカとの貿易で生まれた膨大な貿易黒字をアメリカ国債に投資して、アメリカの財政を支えました。私が2007年に出版した『米中経済同盟を知らない日本人』で描いた米中双方にメリットのある関係でした。しかし、この本で警告したように、米中両国はやがてお互いを「トロイの木馬」、つまり内なる異物あるいは敵とみなすようになりました。

アメリカの中産階級にとっては中国は自分たちから雇用を奪うライバルであり、中国の指導者にとっては、アメリカは軍事的ライバルであり、中国共産党の支配体制に敵対する勢力となりました。米中両国ともにお互いを利用したグローバリゼーションの受益者だったはずが、お互いを敵視する。両国民の不安と不満が高まる。この構造問題を解決しなくてはならないのです。

「米中経済同盟」はアメリカのグローバル企業や金融機関、IT企業やニューヨーク、シリコンバレーなどに巨大な利益をもたらしましたが、内陸部の工場の多くは閉鎖され、アメリカの「中産階級」であった工場労働者を没落させました。自らはニューヨークの派手な不動産経営者で、米中経済同盟がもたらしたグローバリゼーションが生む富の受益者であったドナルド・トランプはそのメディア的な才能をいかして、そうしたアメリカの「被害者」たちの声を吸い上げて、大統領になりました。しかし、１９９０年代以降のアメリカ経済は「米中経済同盟」によって再生したのです。本当に中国との経済関係を断てばアメリカ経済は極度の不振に戻ります。

第2の構造問題は、アメリカで顕著ですが世界的な問題である国民間の格差の拡大です。１９９５年のマイクロソフトによるウィンドウズ95の発売、その直後に始まったインターネットとＧＡＭＦＡの時代、そして現在進行中の人工知能（ＡＩ）とＩｏＴによる次のイノベーション。世界経済は、１９８０年代までの製造業全盛の時代から21世紀にはほんの一握りの優秀な頭脳集団がプログラムとアルゴリズムを駆使して、それまで人間が行っていたことをプログラムが代替し、物理的な店や取引を不要にする時代に変わりました。

普通の人々の労働の相対的価値がプログラムやアルゴリズムを生む労働価値と比較してどんどん低下しています。19世紀にマルクスが「労働者の窮乏化」と呼んだ以上の事態がアメリカでもヨーロッパでも日本でも起き、やがて中国やインドにも広がるでしょう。果たして人類は日本国憲法が定める「健康で文化的な最低限度の生活」を手に入れることができるのでしょうか。

こうした2つの構造問題を解決しなければ、アメリカはもちろん、世界の再生はできないでしょう。次の章ではその答えを提示しましょう。

こうしたアメリカと世界の構造問題を解決するには、今も続く世界秩序の根源に遡る必要があります。そのためには、第二次世界大戦後の「パクスアメリカーナ（アメリカの平和）」といわれる時代の基盤となった、1941年8月の「大西洋憲章」に遡ることが不可欠です。当時はナチスドイツがヨーロッパ大陸を席巻し、イギリスへの侵略が間近に迫っていました。

アメリカの対独戦への参戦を懇願するイギリスのチャーチル首相に対して、アメリカのルーズベルト大統領はドイツや日本との戦争を引き起こしたのには英米両国の責任が重いとした上で、チャーチルに第二次世界大戦後の行動を約束させたのが大西洋憲章でした。まず、イギリスをはじめとしたヨーロッパ諸国の海外の植民地の独立を認めること、次に、ドイツや日本の軍事侵略を誘発した保護貿易を廃止し、自由貿易を世界のルールにすること。そして、こうした新しい世界を実現するための国際連合をアメリカがつくるから、イギリスが協力することなどでした。

同年9月にはソ連など15カ国が参加を表明し、戦後の国際連合創設の基礎となりました。人種差別の根源だった西洋諸国の400年に及ぶ植民地支配は、1941年からの第二次世界大戦によってようやく終わりを告げたのでした。

戦後は米ソ中英仏の連合軍中心の体制ができるはずでした。しかし、大西洋憲章に基づいてつくられた国連の安保理事会の中心となるソ連が公然と世界の共産化を唱えて朝鮮戦争を仕掛け、誕生したばかりの中華人民共和国もソ連の側につき、世界は東西冷戦の時代に突入しました。

20世紀に二度と世界大戦を起こさせないためにルーズベルトが構想した米ソ中英仏による共同の世界平和の機会は、東西冷戦が終結した30年前に訪れましたが実現しませんでした。しかし、90年代以降は、米中二大国の経済が「米中経済同盟」と私が2007年に呼んだほどの相互依存関係を構築して、旧ソ連とアメリカとの関係と比較して、はるかに広く深い相互依存関係を構築したのです。

コロナからの大恐慌の解決手段として、アメリカが国際協調、自由貿易、平和への共同責任という大西洋憲章の原点に立ち戻ることができれば、解決の道に近づくでしょう。

国債のリスクはゼロというルールの撤廃

それらの施策を打った上で、「21世紀型大恐慌」後に、アメリカ政府がやるべきことがいくつかあります。1つは、先に述べた国債のリスクはゼロとしたＢＩＳ規制の撤廃です。

世界各国を「国債中毒」に至らしめた元凶であるＢＩＳ規制を早期に撤廃することは、非常に重要です。アメリカ国債が暴落する可能性が高いことからもわかるように、先進国の国債であればリスクがゼロ％である、などという考え方は、あまりにもデタラメです。

適切なリスク評価を行うことで、資金を国債ではなく民間に回し、企業の成長を促すのが、銀行の本来の役割でしょう。

国債偏重のＢＩＳ規制が撤廃されれば、アメリカだけでなく、世界各国が国債中毒から抜け出すことができ、民間への投融資を促進することができるようになります。

軍事優先から「戦争に巻き込まれない国家」へ

さらに、アメリカ国民を守るために、現在の軍事力偏重をやめ、膨大な軍事費を削り、その分を、国民を守る社会保障政策に回すことも非常に重要でしょう。

国債からの大恐慌が今後発生すれば、毎年7000億ドルにも及ぶアメリカ国防総省の予算を維持することは、どう考えても不可能です。

第一次世界大戦以前のモンロー主義の孤立主義に立ち戻っても、アメリカだけが当時の国是であった「戦争に巻き込まれない国家」になることは、これだけアメリカが巨大化し、世界が一体化した21世紀では不可能です。

むしろ、世界大戦を起こせないような新しい世界システムの構築を世界のリーダーとしてアメリカが主導して実現しない限り、アメリカが「戦争に巻きこまれない国家」になることはできませんし、世界が平和になることもありません。では、どうしたらいいのでしょうか。

アメリカが軍事費を大幅に削減すれば、それに乗じて中国が軍事力を増大させ、世界のパワーバランスが崩れることを危惧する人も多いかもしれません。

確かに中国は、尖閣諸島をはじめ、東シナ海や南シナ海などで軍事活動を活発化しており、そうした海軍を含めた軍事力は、近年、間違いなく増大の一途をたどっています。

しかし歴史を振り返ってみると、第二次世界大戦後、中国が本格的に参戦したのは、1950年の朝鮮戦争、1969年の中ソ国境紛争、1979年の中越戦争の3回だけです。

朝鮮戦争は、隣国である北朝鮮が始めた戦争ですが、アメリカが韓国側（国連軍）で参戦したことにより中朝国境付近が戦線となり、それを押し戻すために中国は参戦しました。

中ソ国境紛争は、ウスリー川の中州であるダマンスキー島（中国語名、珍宝島）をめぐってソ連と衝突したもので、中越戦争は、ソ連の支援を受けていると中国が見ていたベトナムが中国の同盟国であるカンボジアへ侵攻したため、対抗するために行われました。いずれも短期間に終了しました。

これ以後、約40年間、中国は1度も本格的な戦争をしていません。

長年、中国にとっての最大の脅威は、遠く離れたアメリカではなく隣国のソ連でした。実際、ソ連は、第二次世界大戦後のヨシフ・スターリン政権の時代から、世界中の国々を共産主義国家にするために戦争を起こしてきました。中国と国境を接する国で起きた朝鮮戦争も、ベトナム戦争も、アフガニスタン紛争も、そうした意図で起こされた戦争です。

毛沢東亡き後、中国の最高指導者となった鄧小平は、ソ連がベトナムを後押ししてインドシナ地域でラオスやカンボジアを侵略するという確かな情報をつかんでいたから、2週間に限ってベトナムを攻撃したのです。

鄧小平が、当時の世界を、あるいはソ連やアメリカをどのように見ていたのかについては、エズラ・ヴォーゲルが10年をかけて、CIAの情報にもアクセスして書いた『現代中国の父鄧小平』(日本経済新聞出版)に詳しいので、中国と世界を理解することに興味のある方は一読をおすすめします。

中国にどう対処するのか

話を戻すと、中国は中越戦争以来、約40年間、本格的な戦争をしていません。中国は国土が広く、国境線が長いので、今後も国境をめぐってその周辺で他国と衝突することはあるでしょう。しかし、アメリカのように遠く離れた国に行って戦争をすることはないのではないか、と私は見ています。

ただ、中国のすぐ隣国に位置し、台湾のすぐ傍にある日本としては、中国とアメリカがルーズベルトが構想したような世界の安全保障に共同で責任をもち、世界と地域の平和を実現するような友好的な同盟関係とならない限り、米中対立の地政学的最前線にいつまでも置かれることになります。どうすれば米中の対立は解消し、日本は安心できるのでしょうか。

そのためには、最低2つの条件が必要となります。1つは異質だからといって相手国を敵視せず、相手の体制を尊重することです。つまり、アメリカが中国と同じような国になることがないように、中国がアメリカと同じような国になることはないことを認めることです。

家族人類学という分野を切り拓いたエマニュエル・トッドによれば、世界各国の家族のあり方は多様であり、それを反映する各国の政治や社会は「世界の多様性」を表し「英米型民主主義」に収れんすることはありません。世界の国家や民族は8つに分類され、中国はロシア、ベトナム、キューバなどとともに権威主義的体制を好み、イギリスやイングランド系のアメリカやオランダは自由と個人主義、自由経済を志向します。ちなみに日本はドイツやスウェーデンと同様に秩序と安定を重んずる家族人類学的特徴があります。

オックスブリッジ出身のエリートたちの紅白戦のようなイギリス型二大政党政治や移民国家アメリカのオープンな大統領選挙は世界的には少数派です。

そして、辛亥革命後に総統選挙を行おうとして40年近い内戦に突入した中国の歴史を見ても、大正デモクラシーによる政治の大衆化とジャーナリズムの扇動によって各政党が競争してアジア侵略をあおった戦前の日本の歴史を見ても、プラトンが２０００年以上も前に警告したように「（ポピュリズムによって）民主主義はデマゴーグ政治に陥る危険がある」という主張にも一定の説得力があります。

２つ目には、人間の生存条件を根底から支えるエネルギー、特に電力ネットワークを米中双方が接続し、「太陽電力」、つまり自然エネルギーを相互に依存する仕組みを米中両国が「コネクト」することです。この点については詳しくは次の章に譲りますが、すでに巨大な成功例がヨーロッパにあります。

第二次世界大戦が石油をめぐる争いから始まったことへの反省から、ヨーロッパではEUの誕生のはるか前に鉄鋼、石炭の共同体を作り、さらに、全ヨーロッパの送電網を接続して１つの巨大な相互融通のネットワークをつくり上げました。エネルギーを奪い合って幾度となく戦争を起こした独仏両国が今ではEUのツインピラーとして安定に貢献しているのも送電網による「エネルギー相互安全保障」が基礎となっています。各地での自然条件に左右されることが多い「太陽電力」が今後エネルギーの主力になるための電力網の相互接続による融通のネットワークは、そのまま安全保障ネットワークになります。

ロシアをNATOの加盟国に

「21世紀型大恐慌」後、経済が窮地に陥るのは、アメリカだけではありません。ロシア（旧ソ連）は、石油と天然ガスなど化石燃料資源輸出頼みの経済ですから、大恐慌によって世界的にエネルギー需要が落ち込めば、経済が大打撃を受けます。

同様の理由で、サウジアラビアやイランなどの中東地域の産油国も、経済的に大打撃を受けることになります。

したがって、軍事費を削減し、軍事力を減少せざるを得なくなるのは、アメリカだけでなく、ロシアや中東諸国も同様です。

そこで、経済的に逼迫したロシアに対して、NATO（North Atlantic Treaty Organization：北大西洋条約機構）への参加を呼びかけます。

ロシアのウラジーミル・プーチン大統領は、これまでに何度か、NATOへの加盟を希望してきました。それを断ってきたのが、アメリカの軍産複合体です。ロシアがNATOに加盟すれば、世界情勢が安定化して戦争が圧倒的に減り、軍産複合体の存在意義がなくなってしまうからです。

しかし、「21世紀型大恐慌」後は、ロシアをＮＡＴＯの加盟国にするべきです。ロシアがＮＡＴＯの加盟国になり、アメリカの同盟国になれば、国際紛争は減るでしょう。アメリカがロシアとの関係を改善することは、ロシアと関係の深い中国との緊張緩和のチャンスになるはずです。

国連を中心とした多次元ネットワーク社会へ

さらに、アメリカがロシアをＮＡＴＯの加盟国にすれば、フランクリン・ルーズベルト大統領が構想した国際連合の理想に近づきます。

つまり、国連の現在の安全保障理事会の常任理事国であるアメリカ、ロシア、中国、イギリス、フランスの5カ国、さらには、いまだ敵国条項に縛られているドイツや日本を味方として加え、相互に集団安全保障条約を締結できる可能性が、格段に高まるのです。

ロシアがＮＡＴＯに加盟するか否かは、ロシアとアメリカの判断次第でしょう。それによって、「21世紀型大恐慌」後の新しい世界秩序に大きな影響を与えるでしょう。

なお、中国は大恐慌後、経済的にも、軍事的にも、世界的な影響力を高めるでしょうから、アメリカや国連の呼びかけに、すぐには応じないかもしれません。しかし、ロシアを含めた他国が相互に安全保障条約を結べば、それに対抗するよりも、国連内で存在感を高めるほうを選ぶのではないでしょうか。

アメリカ、中国、ロシア、イギリス、フランス、ドイツ、日本が集団安全保障条約を締結すれば、ルーズベルトが構想した「本来の国連」となります。つまり、国々の国家安全保障体制から、世界人類の安全保障体制の方向へと転換できるのです。

戦争が減り、世界の安全性が高まれば、世界各国の軍事費が削減できます。それが何兆ドルになるのかはわかりませんが、そのお金を国連が仲介して困っている世界の諸国民に最低所得保障などで分配したり、必要な生活インフラを整備したりすれば、健康で文化的な最低限の生活が、世界中で実現に近づくはずです。

そして米中間だけでなく、世界の送電網の相互接続によって世界的な「電力インターネット網」を整備すれば、世界は、安全保障面だけでなく、情報やエネルギー、食糧などの分野でも多次元にネットワーク化することができ、それらのネットワークを管理するのが国連の役割になるでしょう。

こうした、国連を中心とした多次元ネットワーク社会の構築には、30年ぐらいはかかるでしょうから、実現するのは2050年ごろになると私は予想しています。

「21世紀型大恐慌」は、現在の世界の経済システムを粉々にしてしまうほど破壊的です。しかし、だからこそ、「世界人類が100億人になっても平和で共存共栄できる」まったく新しい世界経済システムを新たに構築できるチャンスだとも言えるのです。

では、大恐慌後、どのような世界経済システムを新たに構築すべきなのか。

2章では、この新しい経済システムである「太陽経済」について、詳しく述べていきたいと思います。

2章

アメリカ型・石油経済の限界、太陽経済の勃興

1 電力がどこでも安く手に入る分散型社会へ

「持続不可能」経済の限界

今われわれは、「21世紀型大恐慌」後の新しい世界経済システムを考えるところにきています。そのとき重要なのは歴史の時系列分析、つまり過去を分析し未来を予測することです。

1929年、アメリカの株式市場の暴落から始まった世界大恐慌は、第二次世界大戦の遠因となりました。そして、大戦終結後、1945年以降の世界経済システムは、それ以前とまったく異なるものになっていきます。

新型コロナウイルスのパンデミックに端を発して、米国債の暴落から「21世紀型大恐慌」が起きてしまった場合も、20世紀の大恐慌と同様、21世紀の世界経済システムはまったく異なるものになることが予想されます。

なぜなら、20世紀の大恐慌は、それまでの世界経済システムの限界によってもたらされたものであり、「21世紀型大恐慌」もまた、現在の世界経済システムの限界が露呈して起きるからです。

では、現在の世界経済システムと、21世紀型大恐慌後の新しい世界経済システムとの違いは何でしょうか。

最大の相違点は、現在の世界経済システムが「持続不可能」経済であるのに対して、新しい世界経済システムは「持続可能」経済、「サスティナブル」経済となる点です。現在の世界経済システムは、持続不可能であるがゆえに、限界を迎えつつあります。

20世紀の大恐慌は、アメリカの株式市場から金融システム、不動産、企業へと伝播し、空前の失業と社会不安を巻き起こしました。

それが、アメリカから世界へと広がったのは、当時の世界経済システムが植民地支配やブロック経済といった古い生態系をもち、株式市場や金融や政府のシステムはリスクが経済全体に広がるのを防ぐことができない、という構造問題があったからでした。そして、国際的な協調体制や助け合いの仕組みが存在しない、という世界システムの構造問題がありました。

そして、大恐慌が第二次世界大戦を誘発した問題の根底には、軍事的争奪戦の最大の目的となった石油のもつエネルギーの構造問題がありました。

これらの問題について熟知していたアメリカのフランクリン・ルーズベルト大統領が、当時提唱したのが、「自由貿易の拡大」「国連を中心とした世界の安全保障」「植民地支配を認めない各国民の権利の平等」といった世界システムのイノベーションでした。

こうした考えに基づいて1941年にイギリスのチャーチル首相と調印したのが大西洋憲章です。戦後、これらのイノベーションが実現したことで、世界は繁栄を取り戻すことができたのです。

石炭経済から石油経済の時代

第二次世界大戦後、世界の覇権国となったのはアメリカですが、それまではイギリスが世界の覇権を握っていました。それを可能にしたのが、18世紀のイギリスで始まった石炭の生産と、蒸気機関の発明による産業革命です。

石炭というエネルギーを活用した蒸気機関による工場での産業革命は、イギリスを世界で最初の工業国にしました。それだけでなく、蒸気機関車がロンドンなどの都市と近郊の田園地帯を結び、職場と住居を分離した都市圏を生み出します。

さらに、蒸気機関で航海する汽船は、綿織物などのイギリスの工業製品を世界に輸出しました。一方で、世界各国から工業製品の材料を集めてくることも可能になったのです。

つまり、石炭によるエネルギー革命が、産業革命を起こし、それだけでなく交通革命ももたらしたのです。そして、石炭は、軍事革命をも引き起こします。

石炭をエネルギー源とする製鉄所では、巨大な大砲が造られるようになり、それを搭載した軍艦も製造されます。こうしてイギリスは、世界最大の海軍を擁するようになり、通商力と軍事力を兼ね備えた国家として、インドをはじめとした世界各地を植民地化したのです。

19世紀半ばには、七つの海を支配する「陽の沈まない国」——大英帝国が世界の覇権国となりました。「石炭経済」の時代でした。

こうして世界に君臨したイギリスから、アメリカに覇権が完全に移ったのは、第二次世界大戦後ですが、それに至るまで、様々な変化が、次々と起きていました。

まず、エネルギーの主役は石炭から石油に変わりつつありました。動力も蒸気機関から内燃機関に変わり、石油を精製してつくられるガソリンを燃料とした自動車が開発され、灯油の一種を燃料とした飛行機も、世界中を飛び回るようになります。

さらに、石油を燃やした火力によって蒸気を生み出し、その力でタービンを効率良く回す発電所が稼働しました。そこで大量に電気をつくれるようになったことで、多種多様な電気機器――電球、電話、蓄音機、映画、電気鉄道などが発明され普及していきます。

これらの発明・普及により、通商力においても、軍事力においてもアメリカがイギリスをはるかに凌駕するようになるのです。「石油経済」の時代になったのです。

まとめると、石炭経済を牽引して世界の覇権国となったのがイギリスであり、石油経済を牽引して覇権国となったのがアメリカです。そして、アメリカは現在も、石油経済を牽引していますが、この石油経済が現在、限界を迎えつつあるのです。

「太陽経済」とは何か？

石炭経済、石油経済に対して、21世紀型大恐慌後は、「太陽経済」になると私は考えています。太陽経済というのは私の造語です。

といっても、現代のダヴィンチといわれ、アポロ計画やインターネットも構想したアメリカのバックミンスター・フラーの「宇宙船地球号」や「クリティカルパス」に書かれた構想を、18世紀フランスの重農学派といわれる経済学者たちの考えも参考にして、私がわかりやすい造語にしたに過ぎません。石炭、石油に代わって、太陽がエネルギーの主役となる世界経済システムのことです。単なる太陽光発電のことではありません。

考えてみれば、地球に生きる生物としての人間にとって、太陽こそがあらゆるエネルギーの源です。「太陽が万物の恵みの源」という考えは日本をはじめ広く世界にあります。光や熱、風、水、潮流、植物など、様々に形を変えて現れますが、いずれも太陽の恵みに変わりありません。

現代の技術は、太陽光発電や風力発電、バイオマス発電、水力発電など、こうした太陽の恵みを電気エネルギーに変えることができます。そうした「太陽電力」をつかって水を分解し、水素の形でエネルギーを蓄える技術も発達してきました。

そして、太陽はすべての食糧の源でもあります。植物は光合成、つまり太陽の光をエネルギーにして成長します。植物が成長するから、それを食べて動物も生きることができるのであり、人間は、こうした植物、動物を食べて生きています。

また、太陽は地球上のすべての水を運びます。雨も雪もみぞれも、太陽の熱が降らせます。

波を起こすのも太陽です。「宇宙船地球号」の推進力は太陽なのです。

太陽の恵みを電気に変える技術は日進月歩ですから、石油経済から太陽経済への移行は必然です。なぜなら、太陽は石油に比べて圧倒的に優れている点が多々あるからです。代表的なものを4つ挙げましょう。

1つ目は、「永遠」です。太陽という巨大な「核融合炉」は、20億年という永遠に近い長期にわたって燃え続けます。地球から遠く離れているがゆえに無害で、原子力発電のような事故の危険性がなく、巨大な施設も運転費用もかかりません。

2つ目は、「無尽蔵」です。地球に降り注ぐ1時間の太陽放射エネルギーは人類全体が1年間につかうエネルギーと同じです。

3つ目は、「平等」です。石油は中東やロシア、アメリカなど採掘できる場所が偏っており、不平等に分布しているのに対して、太陽は地球上のほとんど全域に降り注ぎ、平等かつ独占不可能です。

4つ目は、「無料」です。太陽自体のエネルギーは無料です。太陽の光や熱を利用するための装置にはお金がかかりますが、普及すれば普及するほど、装置のコストは下がります。石油は使えば使うほど希少価値が上がって値段が高くなりますが、太陽電力の場合は逆に、多くの人が使えば使うほど、安くなるのです。つまり、ネットワーク効果や量産効果が高いといえるのです。

これら以外にも、石油が再生不可能なのに対して、太陽を源とする自然エネルギーは再生可能です。石油が大気汚染や気候変動を引き起こすのに対して、太陽は圧倒的にクリーンです。石炭や石油、天然ガスなどの化石燃料を燃やさなくなれば、空気がきれいになるだけでなく、二酸化炭素の排出量を大幅に減らせますから、気候変動、地球温暖化にも歯止めがかかるでしょう。

そして、石油は「偏在」しているため、それを奪い合う戦争や紛争の原因となりました。しかし、太陽は「遍在」であるため奪い合う必要がなく、エネルギーを相互に融通するネットワークができるため、平和を促進する要因になります。

「太陽電力」によるエネルギー革命が、電気自動車などの交通革命を起こし、都市や生活と経済を大きく変える産業革命を起こすのは、石炭経済や石油経済のときと同様です。しかし、太陽経済は軍事革命を起こしません。なぜなら、石油のような独占が不可能であり、電力を相互に利用する太陽経済では、軍事力による独占が無意味な相互依存の世界ネットワークが基礎になるからです。

こうした、太陽をエネルギーの主役とした太陽経済がすでに始まっているのは、皆さん、ご存じの通りです。この太陽経済という新しい世界経済システムが、「21世紀型大恐慌」とともに、さらに本格化すると私は見ています。

電力は分散型システムで超安価になる

石油経済から太陽経済になることで、電力システムは、現在の独占・集中型から、分散・相互融通・ネットワーク型に置き換えられます。

分散・相互融通・ネットワーク型の電力システムと言われても、ピンとこないかもしれませんが、同様のことはすでに情報分野で起きています。

インターネットは当初、LAN(Local Area Network)からスタートしました。LANができてその中でインターネットが使えるようになり、次に、こうしたLAN同士をつなぐことで広がっていき、今では世界中がインターネットにつながっています。

インターネットによって情報は、ホストコンピュータから一方的に送られてくる形から、すべての参加者が情報の送り手であり受け手でもある、双方向でやりとりできる形に、大きく変わったのです。

また、インターネットには中心がなく、誰も情報を独占できません。

これと同じことが電力システムでも起こります。

これまでの電力システムは、たとえば臨海部に大規模な原子力発電所や火力発電所をつくり、そこから全国各地に一方的に電力を供給するシステムでした。

これが太陽光発電や風力発電、水力発電などになると、それぞれの地に適した発電方法で、電力を少しずつつくることが可能になります。つまり、発電が分散化します。そして、発電した電力は「地産地消」で活用することが主力になりますから、ロスの大きな長距離送電を行っている現在よりも格段に効率的になります。

そして、余った電力や不足した場合の電力は、ネットワークで結ばれている近隣の地域と双方向でのやりとり――相互融通することになり、現在のような巨大な電力会社の役割は小さくなり、「地域電力会社」が大きくなります。

太陽光発電や風力発電などの発電装置は、大量に生産されるほど価格が下がります。送電網などのインフラも同様です。

私たちが岡山県瀬戸内市につくった日本一大きなメガソーラー発電所が２０１２年に契約し

たときの発電コストは、1キロワット約40円でした。それが2020年には、3分の1以下の12円前後にまで下がっています。今後はさらに安くなるでしょう。

世界ではもっと安く発電できるようになっており、アラブ首長国連邦（UAE）の大規模太陽光発電では、発電コストが1キロワット3円を切って2円台となっています。

なぜここまで安価になるのでしょうか。太陽光発電のパネルは半導体技術によってつくられるため、2年ごとにパネルの製造コストが半分になるからです。2年で半分になるということは、10年で約32分の1、20年で約1000分の1になります。太陽光パネルのコストは、ほとんど無料になるということです。

もちろん、土地代や人件費、維持メンテナンス費などの費用がかかりますから、発電コストがゼロになるわけではありません。

しかし、このように分散・相互融通・ネットワーク型の発電システム同士が世界中でつながれば、インターネットのように、電力価格は現在よりもはるかに安価になり、限りなく無料に近づく可能性が出てくるのです。

電気代がタダになったとき何が起きるのか？

電力が無料に近い超安価になれば、それを活用した様々なイノベーションが世界中で起きます。

インターネットは、ケーブルや無線を通じてつながっていますが、それらインターネットシステムを運営する企業以上に、インターネットを活用した製品やサービスを提供する企業が大きく成長しました。アマゾンしかり、フェイスブックしかりです。

電力においても、電力システムを運営する企業以上に、超安価な電力を活用して製品やサービスを提供する企業が、より大きく成長することになるでしょう。

たとえば、水不足の砂漠地帯で、海水を飲料水にしようとすると、電力が必要不可欠です。このとき、電力価格が高ければ、海水がタダであっても飲料水の価格は高くなってしまいますが、電力が超安価であれば、飲料水も安価で販売することができるようになるでしょう。

農家にとっては、ハウス栽培などの電気代は大きく下がり、電動農機が普及するでしょう。

また、廃棄物からのリサイクルやエネルギー化や資源化も安価でできるようになります。超安価な電力と技術革新、リサイクルの義務化などの社会制度を組み合わせることで、工場廃棄物、生活ゴミ、産業廃棄物などをリサイクルしたり、鉱物資源を取り出したり、バイオマス発電をしたり、有機肥料や薬品や化粧品の材料をつくったりすることが、低コストで実現できます。

工場の環境浄化マシンの稼働コストが大幅に下がり、工場の排出物も直接大気や水中に排出して環境汚染を引き起こすのではなく、有用な物質を取り出してリサイクルされるようになります。

また、現在問題になっている海洋プラスチックゴミなどは、ゴミではなく電力と有機肥料などの有用な資源となります。都市もいろいろな資源を再生できる「都市資源」に生まれ変わるため、現在世界中で行われている資源の採掘を、大幅に減らすことができるでしょう。日本はこうした技術の実用化で世界をリードすべきです。

電力がインターネットのように超低コストになって、電気代がほとんどタダになったときのことを想像してみてください。私たちが現在、インターネットをフル活用しているように、電気をこれまで以上にフル活用できるようになったとき、どんな製品やサービスが提供されるようになるのか。どのような便利で楽しい生活が可能になるのか。考えるだけでワクワクしてきませんか。

私は、電気がほとんどタダになるこうした世界が、遅くとも２０５０年にはやってくると予想しています。

インターネットが開発されたのが１９８０年代。ワールド・ワイド・ウェブ（ＷＷＷ）が産声を上げたのが１９９０年です。それから約30年で世界中でインターネットが使える世界が実現しています。

これと同じぐらいのスピードで電力システムの変化が起きるとすれば、30年後の２０５０年ころには、誰もがほとんどタダで電気をいつでもどこでも使えるようになっていると考えることは、あながち的外れではないでしょう。

太陽エネルギーは、石炭や石油と違い、ほぼ無限にあります。ですから、２０５０年ごろには持続可能な社会、持続可能な経済を実現できるのではないかと考えています。

送電網のネットワーク化が進むヨーロッパ

新しい電力システムへの挑戦は、すでにヨーロッパで始まっています。ヨーロッパでは、電力の送電網が国を超えてつながっており、発電の分散化、相互に電力を融通できるネットワーク化が進んでいるのです。

フランスは原子力発電を行っているので、すべての電力が太陽の自然エネルギー、再生可能エネルギーで発電されているわけではありませんが、ドイツなど多くの国が脱原発を実行し、再生可能エネルギー中心の発電へと切り替えをはかっています。なかでもデンマークの風力発電は、国内の電力消費量の半分以上をまかなうまでに成長しています。

国を超えて電力を融通し合う送電網があれば、それを壊してしまう戦争は非合理的になりますし、戦争を起こした国への電力の送電を周辺国がストップすれば、その国の国民はたちまち生活ができなくなってしまうでしょう。第二次世界大戦までは、石炭や石油をめぐっての戦争を繰り返してきたヨーロッパが、EUの成長と並行して送電網で1つになり、ヨーロッパに75年にわたる平和をもたらしたのが、まぎれもない実例です。

電力は蓄電池などに貯めておくこともできますが、貯めるためにはコストがかかるため、貯めるよりも、送電して買ってもらって使ってもらったほうが得という特質があります。この特質により、各国が自国の様々な特徴をいかした発電――風が強い国は風力発電、日照時間が長い国は太陽光発電、火山活動が活発な国は地熱発電などを行い、発電した電力を融通し合うネットワークを構築するほうが、どの国にとってもメリットが大きくなります。そして、送電網のネットワークが広がれば広がるほど、ヨーロッパ全体としての電力供給が安定してきたという点も大変重要です。

現在はヨーロッパだけですが、インターネットのように全世界が送電網のネットワークでつながれば、世界中で電力を分散発電し、相互に融通し合うことができるようになります。

こうして超安価な電力がいつでもどこでも活用できることで、水や食糧なども誰もが安価に入手でき、人類が欠乏から解放される。今は夢のような世界が実現するはずです。

2 「自電車」が革命を起こす低炭素な未来

太陽経済が起こす交通革命

さらにもう1つ、重要な変化が太陽経済によってもたらされます。石炭経済、石油経済が、それぞれ交通革命を起こしたのと同様に、太陽経済もまた交通革命を引き起こすことは間違いありません。

では、電力が超安価になることで、どのような交通革命が起きるのか、私なりの考えを述べてみたいと思います。

充電するタイプの電気自動車や水素燃料電池車（ここでは双方を「電気自動車」とします）は、まだ数は少ないですが、すでに実用化されています。この電気自動車が現在のガソリン車に次第に置き換わっていくことは、誰にでも容易に想像できることでしょう。

そして、近未来の電気自動車は、現在開発が進んでいる無人の自動運転車となります。いつから本格的に実用化されるかは、まだわかりませんが、それほど遠くない将来、自動運転電気自動車、略して「自電車」が実現することが予想できます。

自電車は、自動運転ですから、目的地をインプットするだけで、目的地まで移動することができます。しかも、センサーなどの技術進化によって交通事故を心配する必要はなくなり、渋滞にはまって約束の時間に遅れることもなくなります。もちろん、ハッキングやランサムウェアなどへの安全対策は万全でなくてはいけません。

また、自電車は従来のガソリン車に比べて構造がシンプルになるだけでなく、電子制御、電子情報化、ＩＴ化、ＡＩ（人工知能）化が進むことで、生産コスト、使用コストとも大幅に下がるだけでなく、利用者の様々なニーズを満たす「移動ロボット」になっていくでしょう。

この自電車は、「シェアリング」が一般的になれば、個人で所有する必要はなく、必要なときに呼べば、すぐにタクシーのように迎えに来てくれ、行きたい場所まで乗せて行ってくれます。行きたい場所も道路上だけとは限りません。小型化された自電車であれば、排気ガスも事故もないので、建物の中に入ることも容易になり、たとえば、ショッピングモールの４階の店の前や、病院の705号室の前といった場所まで乗せて行ってくれるようになります。もちろん、専用エレベーターなど建物やアクセスの作り換えが必要になるでしょう。

日本ではすでに先進的な非接触式の充電技術が開発されており、道路の下に電線を埋設してこの充電装置を設置することで、受電装置を備えた自電車はその上を走るだけで、充電できるようになります。これにより、長距離走行も可能になり、自分が運転するわけではないので、寝ている間に何百キロメートルも離れた目的地まで行くことができるようになるでしょう。

このような自電車が普及すれば、人々の生活様式も大きく変化するに違いありません。自電車を活用した交通インフラが整備されれば、都市間や都市と地方間の移動が今より格段に便利になり、都市と地方の交通格差が劇的に減ります。

現在は、都市だけに鉄道を中心とした便利な公共交通システムがあり、地方は利用者が運転しなくてはいけない自動車による移動が90%以上を占めています。自動車運転はお年寄りには大きな負担です。子どもは運転できません。こうした都市の便利さと地方の不便さが、都市に人が集まる人口の過密化、地方の過疎化を招いていると言えます。

しかし、自電車が普及すれば、地方での移動も非常に便利になり、人々の生活圏や経済活動の範囲が大幅に広がります。そうなると、自然に近く不動産のコストが安い地方への大都市からの移住への決断もしやすくなるでしょう。自電車の走行に適した道路や建築物を建設し、それに応じた交通法規を制定し、他の交通手段と連携して地域革命を起こせば、現在過疎化が進む各地域の繁栄と発展につながるのではないでしょうか。

現在、マイカーの稼働率は都市部では５％程度です。一方、シェアリングの一種であるタクシーの稼働率は50％を超えます。マイカーからシェアリングの自電車に移行した場合、都市においても、これまで必要不可欠であった駐車場の多くが不要になり、商業施設であればその分を店舗にすることができ、自宅について言えば、駐車場がなくなる分、広い家を建てることが可能になります。

これまで駐車場として使われていた広大なスペースが、様々な用途に活用できるようになるのです。

自家用車＋電車＝「自電車」

無人の自動運転電気自動車――自電車のメリットはいろいろ考えられますが、ここでは次の５点を指摘したいと思います。

自電車の1つ目のメリットは、安全です。交通事故は、病気と自殺以外で人命を奪う最多の原因です。統計によれば、交通事故によって世界で毎年約120万人の死者が出ています。一方、日本の新幹線は50年以上にわたって乗客の死亡事故はゼロ。地震や災害の多い日本において、まさに奇跡と言えるでしょう。

このことからもわかるように、大事なことは、個々のドライバーの問題よりも交通システムの安全メカニズムです。自電車の安全性能が向上し、無人の自動運転技術が成熟するにつれて、交通事故の発生率は大幅に低下するはずです。

2つ目のメリットは、スピードです。未来の道路は鉄道のようになり、自電車が走行中に充電できるようになります。制御システムがレベルアップするにつれて、高速道路や幹線道路に電線を埋設して、充電や運転制御の機能をもたせた自電車の専用レーンを設ければ、大型バスの自電車は、電車のように何台も連結して走ることができるようになるでしょう。

つまり、高速道路と幹線道路は積載量が多くなり、高速走行が可能な交通インフラとなるのです。

3つ目のメリットは、自由です。自動運転技術が普及するにつれて、自電車は道路での走行機能だけでなく、コントロール機能を備え、人の歩くスピードによって速度を調整し、人々を安全に目的地へ運んでくれるようになります。

目的地をビルの内部までに設定することが可能になり、子どもが一人で祖父母が住んでいるマンションに行き、安全に一人で帰ってこられるようになります。交通弱者の人たちも社会生活の質（ＱＯＬ）が向上することでしょう。

病院内などでは、歩行者と同じスピードで通行し、周囲の安全も確保します。未来の病院や商業施設には、自電車専用のエレベーターと通路が備えられることでしょう。

メリットの４つ目は、快適です。これまでは、公共交通機関をつかった場合には目的地まで電車や地下鉄など、いくつかの交通機関を乗り換えて行くのが一般的でした。電車の時刻表にスケジュールを縛られ、大きな荷物がある場合には、それを手にもって乗る必要があり、混雑時には身動きもとれない、といった不快さがありました。一方、自動車の運転には、事故や渋滞のストレスがつきものです。

自電車であれば、こうした不快さは解消されます。自電車は家の前まで迎えに来てくれ、大きな荷物を積むこともでき、乗り換えることなく、予定の時間に目的地に着くことができます。しかも、自分が運転するわけではないので、乗車中は、仕事をしたり、本を読んだり、スマホを見たり、寝たり、飲食したり、自由にできます。

メリットの5つ目は、シェアリングです。ウイルス対策などが万全になれば、多くの自電車は個人の所有物ではなく、安価な公共交通手段となります。これまで必要だった自動車の購入費や駐車場代、ガソリン代、保険代、洗車やオイル・タイヤ交換などのメンテナンス費が利用者当たりで大幅に低下するでしょう。

自電車が普及すれば、一人ひとりのコストと時間が大幅に節約できるようになるのです。

このように自電車は安全、スピード、自由、快適、シェアリングという5つの特性をもち、まさに自家用車と電車の両方の利点を併せもっているという点でも「自電車」と呼べる交通機関になるのです。

太陽経済ならCO_2排出量を90％削減できる

一般的に、電気自動車の走行コストはガソリン車の約3分の1、深夜の電気料金なら約10分の1で済みます。1年間に1万キロメートル走るドライバーなら、年間で約10万円を節約できます。

世界には約7億台の自動車があるとされていますが、すべて合わせれば毎年70兆円の節約となります。今後、太陽光や風力などの発電コストが下がるにつれて、電気自動車とガソリン車の走行コストの差はさらに拡大していくでしょう。

電気自動車のメリットは走行コストが安いだけではありません。環境に優しい低炭素社会を生み出す点も大きなメリットです。太陽のエネルギーから電力をつくり出してガソリンの代わりにすれば、CO_2の排出はゼロ。窒素酸化物や硫黄酸化物などの大気汚染物質の排出もゼロになります。

電気エネルギーは、電気が水を分解する過程で酸素と水素に転化しますので、水素を圧縮したり、液体水素にしたりしてコンテナ船やタンカーなどで運ぶこともできます。水素は酸素と結合して発電しても水になるだけですから、火力発電所で混焼や、将来は燃料電池を使った巨大な水素発電所が可能になります。もちろん、そのためには安価で大量のクリーンな水素を確保するとともに、発電するための燃料電池を、巨大データセンターのサーバーのように、非常に大きく集積する必要があり、今後の実用化が期待されます。

海外では豊富で安い水力発電の電気で水素をつくり、燃料電池によって再び電気をつくる技術の実用化が進められています。電話局やデーターセンターも巨大な電力を消費しますから、安価な水素と燃料電池による発電が実用化すれば、大きなメリットがあります。

また、製鉄は火力発電と自動車に次いでCO_2を排出していますが、製鉄所においても水素を利用する研究が進んでいます。燃料を水素に切り替えれば、CO_2の排出量を20％程度削減できるとともに、巨大な高炉が必要なくなり、さらに等級の低い鉄鉱石でも精錬ができるようになります。

現在の製鉄技術では、高純度の鉄鉱石しか精錬できず、それを石炭と一緒に高炉で燃やして鉄をつくっています。高純度の鉄鉱石は地球上に存在する鉄資源のほんの一部に過ぎず、低純度の鉄鉱石の埋蔵量は多いものの、今の技術では精錬できません。ですが、水素を使って鉄鉱石を燃焼する「水素還元製鉄」であれば、低純度の鉄鉱石でも精錬が可能になります。そうなると、エネルギー問題だけでなく製鉄資源の問題も解決することができます。

産業界の中でも「発電」と「製鉄」は特にエネルギー消費が大きく、CO_2排出量も最大です。もしも、発電所や製鉄所の燃料が化石燃料から太陽エネルギーに代わり、自動車の燃料もガソリンや軽油から電気に代わればどうなるか。化石燃料に大きく依存しているあらゆる産業がエネルギーを太陽エネルギーに代えれば、人類のCO_2排出量を90％以上減少させることができるでしょう。まさに低炭素社会が本格化するのです。

日本も毎年脅かされているＣＯ$_2$由来の地球温暖化による気候変動や災害、世界的水不足問題を解決するための第一歩となるでしょう。

資源リサイクルの情報ネットワーク化も可能

さらに、現在はエネルギー価格が高いために採算が合わないとされているリサイクルも、電力が超安価になれば、採算がとれるようになります。

たとえば、携帯電話などの貴金属が含まれる製品を識別して分類し、ナノテクノロジーを使って製品や物質の移動軌跡を追い、インターネットにつないで遠くからでも追跡できるようにして、超安価な電力をつかって資源回収を行えば、経済効率を大幅に高めることができます。

つまり、「資源リサイクルの情報ネットワーク」の活用です。日本ではこうした技術の研究も続けられています。

資源のリサイクルを進める上で重要なのは、技術だけではありません。社会システムである「静脈系統」の整備も必要です。リサイクルのネットワークは、人体で言えば静脈にあたります。新製品を生産して送り届けるのが「動脈」だとしたら、使い終わった製品を回収するのが

「静脈」です。

動脈は、企業が利益を得るためにどんどん発達してきましたが、静脈は、コストの問題もあって、整備が追いついていません。資源リサイクルという社会システムの静脈が今は非常に細く、詰まってしまっているのです。

リサイクルネットワークの目詰まりを防ぐには、太陽経済への転換を加速してエネルギーコストを下げ続け、同時に、政策の面からもリサイクルネットワークを整備し、リアルタイムで貴重な資源を監視していく必要があります。

今後、太陽由来の電力のコストが下がっていけば、資源リサイクルの経済性は大幅に向上し、環境と資源循環のバリューチェーンが整備されます。製品をつくり出すところ、蓄えるところ、送り出すところ、使用するところ、回収するところ等々、各工程が完全につながるように整備していく。それによって、社会全体の資源の利用効率を改善できるようにするのです。

「競争・独占」から「平等・相互扶助」へ

これまで述べたように、太陽経済がもたらすエネルギー革命は、新しい電気自動車である

「自電車」を中心とする交通革命を起こし、さらに進んで地域革命を起こし、新しい世界経済システムを誕生させます。

それは、現在の世界経済システムにどのような変化をもたらすでしょうか。

まず、経済原理が大きく変わります。なかでも最大の変化として挙げられるのは、企業と資本の自由な流動が経済を発展させる最大の原動力になるのではなく、世界システムのネットワーク化に伴う「平等」が、持続的に経済を発展させる力になるという点です。

太陽経済を世界規模で実現させるには、新しい経済原理を人類が理解する必要があります。その中で最も重要なのが平等という価値観であり、ネットワークを通じた「相互扶助」を実現することです。

未来の新しい世界経済の繁栄ルールは、太陽電力のネットワークを基盤に、すべての人が平等に経済活動に参加し、持続的な経済成長につなげることです。

15世紀末のコロンブス以来、西洋人は航海によって地球が丸いことを発見しました。その後、ヨーロッパ各国は軍事力、科学技術、通商、金融などの力を動員し、有限なエネルギーや食糧、資源を自分たちのものにすること、あわよくば独占することを目指して争ってきました。全世界の資源や土地の略奪、植民地の獲得競争を行いました。

それに対して太陽エネルギーは、無尽蔵で、平等に普遍的に存在し、半永久的に持続可能という特徴をもっています。そこから生まれる太陽電力は、太陽経済の基礎であり、全世界に平等に普及して世界経済の成長を促します。

平等と相互扶助により全体のメリットが最大化される太陽経済が普及するにつれて、これまでの争いや獲得競争、独占などは無意味になり、無縁なものとなっていくということです。

太陽経済実現のためには、太陽電力を世界各地に届ける送電網のネットワークを低コストで構築する必要があります。富んだ国も、貧しく資金がない国も、みなが世界各地とつながる送電網をつくり、相互に接続する必要があります。

最終的に、全世界に張り巡らされた送電網は、世界を繁栄させるネットワークとなります。

太陽がもたらす光、熱、風、水などはみな自然現象です。昼の地域が発電し、夜の地域に送電する。寒冷地帯は風力で発電し、砂漠地帯は太陽光・熱で発電し、海上では潮力で発電し、それを周辺地域に送電する。送電技術が発達すれば、遠く離れた地球の反対側まで送電することも可能になるでしょう。

世界的なエネルギーネットワークへの参加地域が電力を相互に提供し合い、消費するようになります。各国が融通し、お互いに豊かになることが、自国の繁栄につながるのです。

それは、水や食糧、リサイクルされる資源、その他の「人間の生存条件」にも同様の法則となります。

そして、太陽電力は全世界を電化します。現在の生活用品のほとんどが電化され、経済が未発達な地域においても、家電製品や情報機器を低価格で購入できるようになります。生活の現代化や情報化に不可欠なインフラを、世界のあまねく地域に提供することは、地域間の平等を促すことでしょう。

また、世界的な統計によれば、電化が一定の水準に達した国では出生率が低下し、人口が安定していきます。世界の人口爆発の抑制と地域間格差の縮小にも、太陽電力による電化は効果的です。

太陽経済が世界各地に普及したのち、人類は飢餓や貧困の恐怖から解放され、都市であれ、大自然に近い地域であれ、みな安全で快適な生活を送れるようになります。

つまり、太陽経済という新しい世界経済システムの実現が、「人類の安全保障」を可能にするのです。

分かち合うから人類全体が豊かになる

太陽経済は平等を基本とする経済体系であり、1つの国の中であれば国民一人ひとりの平等、世界であれば人類全体の平等を基本とします。

これまで世界経済体系の中心だった資本主義は、「適者生存」による「稀少資源の最適配分」に適合した経済システムであり、無尽蔵の太陽エネルギーから生み出される様々な恩恵を人類全体に行き渡らせるには本質的な修正が必要になります。

確かに、資本主義によって各国の経済関係が日増しに強化されるにつれ、相互依存からグローバリゼーションに発展し、多くの国が豊かになりました。しかし一部の裕福な国の人々は、「人口が増加し続け、発展途上国の人々が豊かになれば、地球のエネルギーや資源、食糧が足りなくなる」という不安を抱きはじめています。

一方で、太陽経済は無尽蔵で低コストの太陽電力を基礎にし、世界経済の持続的な発展を可能にするため、世界人口が100億人になろうとも持続可能です。

太陽経済は新しい経済体系として、人類が相互に扶助し、独占するのではなく相互に分かち合います。そのとき人々は、「私のものを奪うな」と、対立して行動する利己主義ではなく、「自分のものを貧しい者と分かち合おう」というような、平等を優先する価値観で行動するようになるでしょう。

なぜなら、貧しい者と分かち合うことで、人類全体が豊かになるからです。

また、太陽経済のもとでは、国際関係は協調と協力、相互依存と世界ネットワークの維持が基本になります。これまで西洋諸国において主流だった、国際関係を「ゼロサムゲーム」にたとえて「他国の利益は自国の損失」と考えることは、今後急速に後退していくことになるでしょう。

そして、全世界に張り巡らされた太陽電力ネットワークの構築とその合理的な運用を行うのが、世界各国、地域が加盟する国連の役割になります。

世界中が必要とする水や食糧、資源、環境などのネットワークも、国連を中心に世界的な共同管理・運営となることで、多次元ネットワーク社会の実現が可能となるのです。

なぜ世界は戦争なしに大恐慌から復活できるのか？

本章の最後に、1章の宿題として残されていた、「なぜ、戦争をせずに、大恐慌を世界経済が克服できるのか」について述べたいと思います。

その理由は、これまで述べてきたように、石油経済が限界を迎え、世界各国が相互依存する太陽経済へシフトせざるを得ない状況だからです。

石油経済であれば、石油などのエネルギーの独占、食糧や資源の独占が、その国の経済力につながりました。そして、第二次世界大戦は石油を確保するための戦争でした。日本やドイツには石油資源がなく、石油を確保するために占領地を広げていきました。

けれども、太陽経済が中心になれば、戦争してまで独占したいものがなくなるでしょう。なぜなら、次のエネルギーの主役である太陽エネルギー、太陽電力はどうやっても独占できないからです。

これが、「21世紀型大恐慌」からは第三次世界大戦が起きない本質的な理由です。戦争を始めて敵国に勝ったとしても、何も得られないのなら、戦争を始める意味はないでしょう。

何度も繰り返しますが、太陽経済の基本は平等であり、相互扶助のネットワークが社会基盤となります。太陽経済下において繁栄したければ、他国と敵対するよりも、他国と共存する道を選ぶほうが得策です。そして、平等や相互扶助といった新しい世界経済システムの経済原理を早期に理解し、それを実現させる国や地域の経済から、成長を始めるでしょう。

裏を返せば、石油経済にしがみつき、独占や競争の経済原理で行動する国や地域は、いつまでたっても不況から抜け出せず、資金を世界から集めることもできず、泥沼の経済であがき続けることになるのではないでしょうか。

次章では、日本が「21世紀型大恐慌」に打ち克つ方策について、様々な角度から考えてみたいと思います。

3章

日本発・田園からの産業革命

1 田園からの産業革命とは何か

地方が日本経済の成長原動力になる時代

アメリカを震源地とする大恐慌が世界に広がったときには、日本も大きな影響を受けます。日本はいまだに世界最大の債権国であり、アメリカ国債についても現時点で１２０兆円をもつ世界最大の保有国です。そのほかにも多くのアメリカの資産、また海外資産をもっているので、大きな打撃をこうむるでしょう。海外と取引する企業も大きな影響を受けるでしょう。

特に、日本国民の長期資産１１００兆円がどのように運用されるかは大問題であり、そのためには、その中核となる約１６０兆円の公的資金の改革からの新・金融革命が必要なことを終章で詳しく説明します。

しかし、悪いことばかりではありません。そもそも、日本が世界最大の債権国であるということは、日本はお金の面では外国に頼らなくても、自力でやっていけることを意味します。大恐慌によって、アメリカをはじめ、世界の債務国の通貨や資産の価格は日本に対して大きく下がるでしょうから、日本の価値や購買力は相対的には上昇するでしょう。つまり、相対的には、より金持ちになります。

もう1ついいことは、大恐慌によって、変化が加速し、世界的に新しい経済システムがより早く到来します。日本にとって絶対のチャンスです。新しい経済システムを活用した「田園からの産業革命」が始まり、明治維新以来、初めて地方が日本経済の成長の原動力となる時代がやってくると思います。

「デジタル化」と「ネットワーク化」で可能になる「地方分散」

現在の日本経済の中心は、言うまでもなく東京や大阪、名古屋などの大都市です。それは、都市に「ヒト・モノ・カネ・情報」といった資源が集まっているからです。

2章で見たように、石油経済であれば、それが合理的でした。都市に資源を集中したほうが何事も効率的、効果的でした。

しかし、太陽経済はそのまったく逆。資源を分散し、その分散した拠点をネットワークで結び、平等と相互扶助を実現することが太陽経済の本質です。そうした本質的転換を後押しするのが「デジタル化」と「ネットワーク化」です。

これまでの日本経済の構造は「メインフレーム型」でした。首都圏などの大都市に人もカネもモノも集中したほうが効率的でした。しかし、これからの日本経済はスマホのように地域や個人までが多くの仕事をこなしたり、「地産地消」で取引を完結すると同時に、インターネットのように広域に、日本全体に、あるいは海外ともつながっている。何も過密の大都市に縛られる必要がなくなります。つまり、「デジタル化」と「ネットワーク化」が進みます。コロナ禍ではじまった「リモートワーク」や「オンライン会議」は「地方分散」のはじまりです。

今後、デジタル化とネットワーク化による「地方分散」が大きく進むのは、エネルギーの主力である電力とお金を扱う金融の両分野です。電力と金融のデジタル化とネットワーク化が地方経済のデジタル化とネットワーク化との相乗効果をもたらし、やがて、地方のほうが「安い」「やりやすい」「儲かる」「ゆとりがある」「子育てしやすい」「老後も安心」「もともと関心があった」など様々なモチベーションを都会人にもたらして、人の「地方分散」を加速させるでしょう。

まず、電力の「地方分散」が進む1つの理由は、太陽光発電などの自然エネルギーは「地産地消」で地域でつかったほうが、長距離を送電するときの場合に比べてロスが少ない、という電力そのものの性質があります。２つ目の理由は、太陽光発電のコストはすでに火力発電などをかなり下回り、地域にとってより安い電力になりつつあることです。３つ目の理由は、国もこうした地産地消型の電力会社に自治体も参加して設立することを後押ししており、地域が安い電力と電力会社としての収益を得ることは「地域創生」の起爆剤になることです。

これまで日本の電力は、大型の火力や原子力発電所からの大規模電力を広域に管理して供給する「メインフレーム型」でしたが、今後は地方分散型に変化していくでしょう。

日本の金融システムもまた、これまでメインフレーム型でした。メガバンクはもちろん、地域金融機関や農協によって集められたお金の多くは地域の小規模な会社やプロジェクトには帰ってこないで、国債や大企業や海外に投融資されてきました。

しかし、金融の分野に導入される「デジタル証券化」は、今までは困難だった地方経済の大半を占める大企業以外の分野や小規模なインフラ、たとえば、「地域電力」に地元が資金を出すお金の「地産地消」のチャンスを生み、地域や系統の金融機関が地域社会と協力することを可能にします。この点は終章で詳しく説明します。

大都市圏で本格化する高齢化

終戦直後の1950年、首都圏（東京・神奈川・埼玉・千葉）の人口は約1200万人でした。それが1970年代には3000万人を突破し、現在は約3900万人と3倍以上に膨れ上がっています。大阪を中心とした関西圏の人口が約2000万人。名古屋を中心とした中京圏の人口が約800万人。首都圏、関西圏、中京圏の3大都市圏の人口は、日本全体の半分以上の合計約6700万人を占めます。

しかし、これからは、大都市の魅力、メリットが、逆にデメリットに変わっていきます。どういうことか、東京首都圏を例に説明しましょう。

まず、人口が集中する首都圏では、今後、ますます高齢化が進みます。

団塊の世代が地方から首都圏に出てきて一生懸命に働き、稼いだことで、日本は高度経済成長を謳歌することができました。しかし、その団塊の世代がリタイアしてしまうと何が起きるでしょうか。

所得が激減しますから、それに合わせて消費も激減します。したがって、首都圏の自治体の収入源である税収も減少します。

逆に、高齢になればなるほど医療や介護の費用は増えます。こうした社会保障費は、当人だけでなく、自治体も負担していますので、自治体の支出は急増します。

収入が減って、支出が増えるのですから、首都圏の自治体の財政が年を追うごとに悪化するのは火を見るより明らかでしょう。

団塊の世代は人数も多いので、医療や介護の施設も足りなくなります。しかし、安易にこれらの施設を増やすことはできません。なぜなら首都圏は地価が高いからです。医療や介護の費用について、原価計算をすると、首都圏では不動産が大きな比重を占めています。

団塊の世代は、地方から東京に出てきたと言っても、その多くの人たちが住んでいるのは東京中心部から20~50キロメートル離れた地域です。東京の郊外、千葉県、埼玉県、神奈川県のベッドタウンと呼ばれた地域の高齢化率が、これから劇的に上がります。

こうしたベッドタウンの住宅は、売りたくても、希望価格ではなかなか売れません。なぜなら、みな同じことを考えるからです。ベッドタウンの古くなった住宅を売って、より都心部へ、あるいは地方への移住を考えたとしても、売り物件（供給）が増えれば、需要がそのままだとした場合でも、価格は下がります。そうした地域では医療や介護などのサービスの質も低下してしまうでしょう。どうしたらいいのでしょうか。

これからの成長産業は農林水産業プラス4K（健康・観光・環境・教育）

私が『中央公論』に「田園からの産業革命」の論文を発表したのは2004年でした。農業生産と消費者をつなぐ、バリューチェーン改革や農協の活用、土地利用の多様化によって、農業が成長性のある産業に転換することが日本でも可能であることを説いたものでした。

これからの令和の「田園からの産業革命」の中心となるのは、農林水産業はもちろん、医療、介護、ウェルネス、スポーツなどの「健康」、今や日本が先進国となりつつある日本各地の様々な「観光」、自然保護や汚染浄化、廃棄物の活用、資源リサイクルから自然エネルギーや地球温暖化防止などの「環境」、そして、従来の受験教育中心だけでなく、地域での実践と職業とキャリアに結びつく「教育」、これら新しい「4K」の産業です。

「農林水産業＋4K」の産業が、人材を育成し、経営力を高め、デジタル化とネットワーク化を進め、電力や金融のイノベーションを地域で活用するときに、「田園からの産業革命」は全国各地で一斉に起こり、共鳴し、連動して日本全体を動かす大きなうねりとなるでしょう。

そうした動きの先駆けや実例として、私たちが地域と取り組む実例のいくつかを後ほど紹介します。

おそらく、全国各地で無数の取り組みが可能になるでしょう。皆さんが主役として活躍されることを期待します。そして、勇気ある先駆者たちが自らの「田園からの産業革命」に成功するときに、社会の中に大きな流れができ、大都会から地方へ、喜んで、楽しんで、勇んで移動する人の大きな流れができ、やがて日本に「民族大移動」を起こすでしょう。

2 令和の「国土の均衡ある発展」へ

奇跡の高度成長と昭和の「国土の均衡ある発展」

1945年の終戦直後、日本の180近くの都市はアメリカによる空襲と原爆投下で破壊され、食糧難により都市住民は苦しみました。日本を占領したアメリカの当初の方針は、日本を2度とアメリカと戦争できない国家にすることであり、空襲を逃れた工業施設の多くは破壊され、財閥は解体されました。しかし、終戦からわずか24年後の1969年に、日本は歴史上初めて世界第2位の経済大国になりました。なぜそんな奇跡のようなことができたのでしょうか。

まず、第1には、アメリカの方針転換でした。1950年から始まった朝鮮戦争から、アメリカは日本をアジアにおける共産主義への「防波堤」とし、日米安保条約の同盟国としただけでなく、資本主義の成功例となる豊かな工業国家として成長させる方針に転じ、新興工業国家としての日本の成長が始まりました。

東京、横浜から中京地区を経て京阪神に至る「太平洋ベルト地帯」には、アメリカの資金と技術の援助に加えて、郵政や年金などの日本の国民資金も動員する「財政投融資」を活用して、当時世界最新鋭の東海道新幹線と名神・東名高速道路が建設され、戦後アメリカの技術も多く導入した最新鋭の工場や企業を結びました。太平洋ベルト地帯で生産された製品の多くはアメリカに輸出され、安くて品質のいいメイドインジャパンがアメリカ市場を席巻し始めました。

驚異の高度成長のもう1つの大きな要因は、日本が当時全盛期だった石油経済の恩恵をフルに受けたことでした。１９４１年、アメリカに石油輸入のほとんどを頼っていた日本は、アメリカの対日石油禁輸措置によって石油の供給が断たれて窮地に立たされ、真珠湾攻撃に打って出て対米戦争を開始しました。しかし、戦後の日本は、アメリカの同盟国として自由貿易の恩恵を受け、最大の産油地域となった中東から日本へのシーレーンもアメリカによって守られ、原油価格で1バレル＝1ドルを下回る安い石油を、お金さえあればいくらでも輸入できるようになりました。化学製品や自動車にも発電にも石油を利用し、エネルギーの大半を石油に頼る石油経済国家として、1960年代まで高度成長を続けることができたのでした。

しかし、石油と安全はタダ同然と「油断」していた日本をOPEC（石油輸出国機構）による石油の禁輸宣言が襲ったのが1973年のオイルショックでした。

戦後の高度成長をもたらした3つ目の大きな要因は、戦後占領軍によって導入された平等化政策とともに、歴代の自民党政権による「国土の均衡ある発展」の政策によって、地域間の格差や国民間の所得格差を拡大させず「一億総中流社会」といわれるほど、社会の平等化と経済成長を実現させ、企業、国民、政府が成長の好循環をつくり上げたからでした。

しかし、高度成長時代の「国土の均衡ある発展」は国土利用の面から見ると、日本の歴史にかつてない、「太平洋ベルト地帯」という狭い地域への集中をもたらしました。中心となった東京首都圏（東京、神奈川、千葉、埼玉）の人口は終戦から5年目の1950年に1200万人でしたが、そのわずか25年後の1975年には3000万人に達しました。全国的に見ても、1950年には農村主体の郡部の人口が7割、都市が主体の市部は3割でしたが、1975年には市部が7割、郡部が3割と逆転しました。

確かに、「国土の均衡ある発展」政策によって大都市を中心に稼いだ税収は財政支出などによって地方の道路や鉄道、港湾、空港、上下水道、教育、医療、農林水産業などの充実に支出されました。「仕送り経済」の仕組みでした。

国民皆保険や皆年金の導入によって社会のセーフティーネットも整備され、日本全国を豊かにし、「もはや戦後ではない」という「消費社会」を生み出しました。社会の平等化と高度成長を両立させて、今に続く経済大国になった戦後日本は、世界の近代史の中でも稀な成功例と言えるでしょう。

しかし、国土利用と経済構造の両方から見ると、「太平洋ベルト地帯」や大都市への集中どころか、東京一極集中が絶えることなく続いてきた戦後日本経済の矛盾は2つの象徴的なポイントで明らかになります。

1つは、1972年に、自民党総裁選挙を目前にした田中角栄によって著された『日本列島改造論』です。田中角栄はこの本の中で「工業再配置と交通、情報通信の全国的ネットワーク」の形成をテコにして、人とカネとモノの流れを巨大都市から地方に逆流させる「地方分散を推進すること」という、2020年の今こそ日本に必要な政策を掲げて総理大臣になったのでした。それでは、「今太閤」と呼ばれた田中角栄によって、人とカネとモノの流れを巨大都市から地方に逆流させる「地方分散」は実現したのでしょうか。

道路・港湾・空港、建築士制度や公営住宅、民間放送、社会福祉、教育から古都保存まで、戦後日本経済と国民生活の仕組みの多くを議員立法として成立させた戦後最大の「立法者」である田中角栄にして、「地方分散」は実現できなかったのです。

その最大の原因は1970年から80年代末までは「太平洋ベルト地帯」が「世界の工場」となり、東京首都圏に経済と金融と政治権力を集中する体制が、「ジャパン・アズ・ナンバーワン」と呼ばれ、アメリカにも警戒されるほどの日本経済の成功をもたらしたからでした。田中角栄の矛盾は「太平洋ベルト地帯」と東京首都圏への集中が勝利の方程式である時代に「地方分散」を唱えたことでした。

2つ目のポイントは「地方分散」を開始すべきときに「東京一極集中」を進めてしまった2001年からの小泉政権の一連の改革でした。

1990年代からは、日本は「世界の工場」の地位を中国に奪われました。私が2007年に『米中経済同盟』を出版したときには、米中経済の水平分業と相互依存は日本やヨーロッパと中国との間にも広がり、多くの日本企業も中国に進出して工場をつくりました。「世界の工場」の地位は日本から中国に移り、太平洋ベルト地帯の製造業の空洞化が進みました。中央から地方への「仕送り経済」の財源は低減し、昭和の「国土の均衡ある発展」は困難になりました。

90年代以降のバブル崩壊後に増殖した企業と金融機関の不良債権の処理も待ったなしでした。その意味では、小泉・竹中改革が「市場原理」により不良債権を膨張させた過去のシガラミを断ち切り、民間と行政の改革を断行したことは大きな功績でした。

しかし一方で、21世紀となった当時、中国に「世界の工場」の地位を奪われた日本が、80年代までの「太平洋ベルト地帯」に集中した製造業の大企業中心の経済構造と国土構造では、やっていけないことは私には明らかでした。

「ポスト工業化」社会は「地方分散」社会であり、その前例はヨーロッパにありました。製造業に依存できなくなっても、歴史と文化をいかした観光、食と芸術とエンターテインメント、宝飾品やブランド品、健康と医療、付加価値の高い農林水産業、世界から人をひきつける教育、金融と資産運用、スポーツやイベントなど、多様な分野で、まるで自然林の生態系のように、大企業はもちろん、家族や個人でも経済の担い手になっていました。そして大都会だけでなく、小さな村や町もその魅力を磨いて成功し、地方からのイノベーションを起こしていました。日本人の所得の世界ランキングは過去20年間にわたって下がり続けていますが、没落したはずのヨーロッパ諸国の多くは「地方分散」をテコにして高い所得の伸びを続けています。

しかし、小泉政権が「自民党をぶっ壊す」象徴として導入した民営化は「地方分散」を阻むものでした。その最たるものが「道路公団民営化」、言い換えると「高速道路永久有料化」でした。

長年欧米を舞台に働いた私は、ナチスドイツがつくったアウトバーンとそのナチスドイツを破ったアメリカのアイゼンハワー大統領がつくったインターステートの2つの無料の高速道路網が地方の交通や運輸を劇的に改善し、経済ネットワークを全国に広げて、経済を高度成長に導いた歴史的な実証例を身近に感じ、その恩恵をカリフォルニアやニューヨークに住んで実感しました。

ドイツでもアメリカでも、他の国道と同じように、高速道路は国道として建設され、無料で提供されていました。日本も同じことができます。高速道路建設の費用や過去の債務は他の国道と同じく、建設国債でまかなえます。

「なぜそうしないのだろう。」そう思った私は、日本の高速道路の歴史の研究を始めました。過去の官庁の資料や立法の経緯を調べたら、答えはすぐに出てきました。なぜ日本の高速道路が有料になったのか。それには訳がありました。昭和30年代に4000億円の資金が必要な名神、東名高速道路をつくり始めたときに、当時の年間道路予算がわずか200億円しかなく、アメリカから世界銀行を通じて借金をし、借金を返済すれば無料にするという「プロジェクト・ファイナンス」の手法を取ったからでした。実は、その後の巨額の料金収入によりアメリカからの借金はとっくに返しました。田中角栄が総理大臣になったときには年間道路予算は2兆円を超えました。

しかし、その後も長く料金を取り「無料化」の約束は延々と先延ばしにされました。料金を取る根拠になっている高速道路国道の債務を他の国道同様、建設国債に振り替えて、日銀が他の国債同様、買って長期保有すれば、増税も不要で、他の国道と同じく無料にでき、地方を中心に巨大な経済効果が生まれることが私には明らかでした。

小泉改革に期待して、てっきり高速道路改革とはアメリカやドイツのように「無料化」することだと思っていた私は、高い料金を取り続ける「民営化」と聞いて耳を疑いました。

田中角栄が「地方分散」の理想を掲げた『日本列島改造論』を書いて31年後の２００３年に、私は高速道路無料化はどうしたら可能であり、それが日本経済を地方から発展させる起爆剤になるかを説いた『日本列島快走論』（ＮＨＫ出版）を出版しました。すると3代目の国土庁事務次官であり田中角栄のブレーンであった下河辺淳さんが私のオフィスを訪ねてこられ「この本は僕の80歳の誕生日に出た。縁を感じる」「角栄さんが生きていたら、君のいう通りにするよ。あの頃は料金を取り続けて、全国に高速道路をつくらなくてはいけなかった。今はつくった高速道路をつかう時代だよ。頑張りなさい」と激励してくださいました。

ただ２００３年当時の私の高速道路無料化論はアメリカやドイツの後追いであり、ガソリンを消費して排気ガスを出し、交通事故を起こす20世紀の自動車社会を前提にしていました。あれから17年が経ち、石油や排気ガスと無縁で安全性が高い「自電車」が現実に近くなり、クルマと建物と街が一体化して、安心・安全で低コストで人に優しく便利な新しいクルマのあり方が今は可能になっています。

令和の「高速道路革命」は地方の高速道路を無料にするだけではありません。２章で述べた「自電車」の実現を視野に入れ、交通の時間とコストを激減させ、排気ガスや交通事故をなくし、交通弱者も安心して利用できる新しい交通システムを備えた全国の「道の町」が「地方分散」の受け皿になります。

東京などの大都市は過密の都心部の高速道路を「大深度地下」に移設し、撤去した後の巨大な空間を緑や水の空間にしたり、子育てや介護に利用したり、アジアの巨大企業を中心に新しい都市内都市をつくったりすれば、「防災」と「安全」と「若返り」と「高度成長」を実現できます。

大恐慌後のナチスドイツ、戦後のアメリカと「無料の高速道路」を全国につくった両国は、高度成長と財政再建を達成しました。

令和の日本の「高速道路革命」は「21世紀型大恐慌」をはね返して「地方分散」を戦後初めて実現できます。さらに、持続可能な新しい経済システムを日本から世界に提示するモデルになります。

「高速道路革命」で地方が主役へ

日本の地方は自動車への依存度が高い「クルマ社会」です。多くの地方で唯一の高速移動手段は高速道路です。高速道路「無料化」を起点とする「高速道路革命」を実行すれば、地方が日本経済を引っ張る主役となるでしょう。

私が高速道路の無料化を提唱した『日本列島快走論』を上梓したのは2003年9月です。

高速道路の無料化と言っても、日本全国すべての高速道路の通行料金を無料にするわけではありません。首都高速や阪神高速、名古屋高速、東名、新東名、名神、新名神、中央などは無料にせず、有料のままとします。こうした大都市間の高速道路は無料にすると、渋滞はひどくなりますから、混雑回避の「ロードプライシング」です。

それ以外の全国の大半の高速道路もこれから地方につくる新しい高速道路も無料です。それでも全国の高速道路の通行料金収入の半分は確保できます。

高速道路の3大大国アメリカ、イギリス、ドイツでは、高速道路のほとんどは無料です。にもかかわらず、日本が有料にしたのは、最初の名神、東名高速道路をつくるときに、国の財政にお金がなく、世界銀行を通じてアメリカなどから借金をしたからでした。だから、料金収入で借金を返済したら、名神や東名は無料にする「償還原則」のはずでした。プロジェクト・ファイナンスとしては一般的なものでした。それがいつの間にか「高速道路で収入を得る」という考え方に変わり、現在も有料のままです。

そのカラクリを説明するとこういうことです。

田中角栄という人は、国家の経済モデルをつくる点において天才的な人でした。高速道路制度も道路三法も青年田中角栄の議員立法が基になってつくられました。アメリカや郵政や年金などの国民資金から道路公団が借金をして、名神、東名の高速道路が完成し、田中角栄が1972年に総理大臣になったときには、道路税収はアメリカから最初に借入した15年前の100倍になっていました。日本がクルマ社会になることを田中角栄は見越していました。ここから

〔図４〕

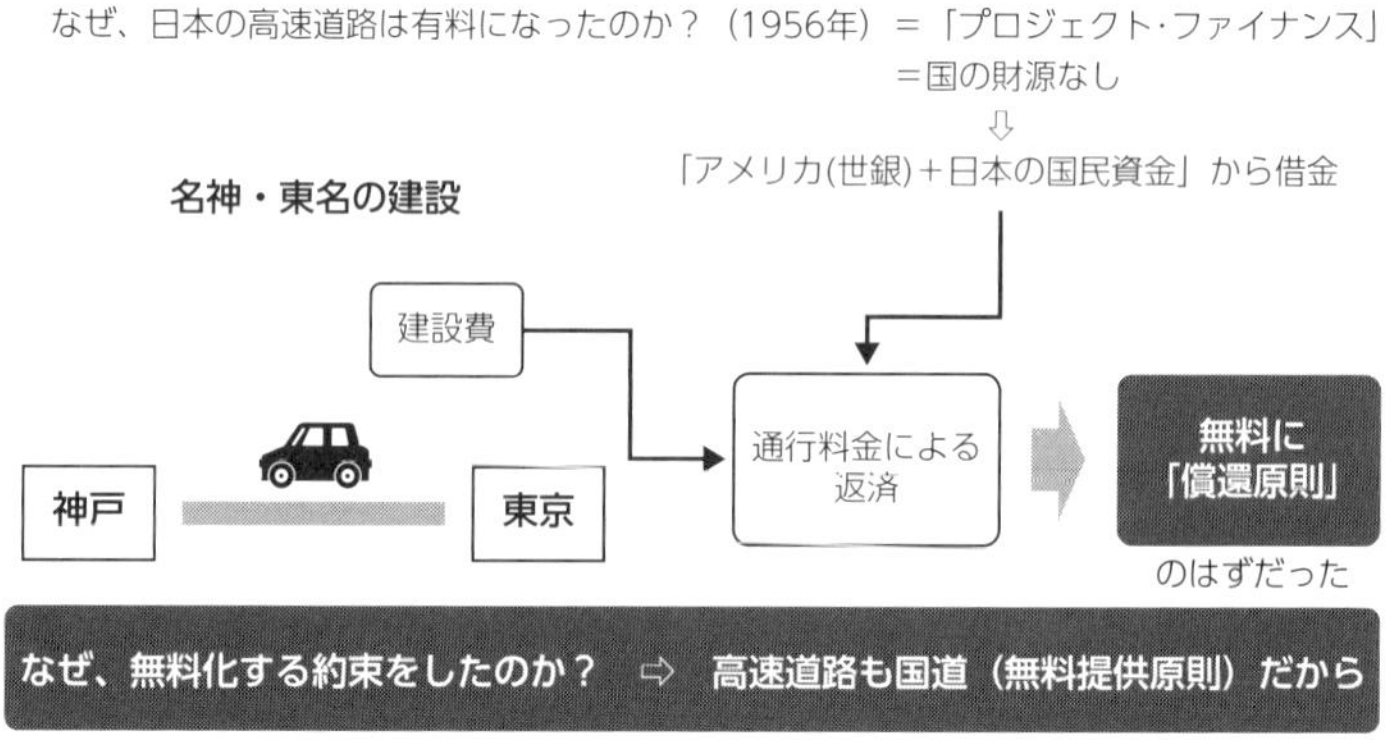
なぜ、日本の高速道路は有料になったのか？（1956年）＝「プロジェクト･ファイナンス」
＝国の財源なし
「アメリカ(世銀)＋日本の国民資金」から借金
名神・東名の建設
建設費
神戸
東京
通行料金による返済
無料に「償還原則」
のはずだった
なぜ、無料化する約束をしたのか？ ⇨ 高速道路も国道（無料提供原則）だから

がポイントです（図４）。

「償還原則」に従えば、プロジェクトの借金を返済した名神・東名高速道路は無料開放しなくてはいけません。それでは巨額に膨らんだ料金収入がなくなってしまいます。そこで田中角栄総理は「プール制」という制度を採用して、「全国すべての高速道路の建設が完了するまで通行料金を取り続ける」ことを決めたのです（図５）。

この点が、下河辺淳さんが２００３年に私に「あの当時は早く高速道路網を完成しなければいけなかった」とおっしゃった点です。

しかし、１９９３年に田中角栄が世を去り、地方の高速道路の建設が進んだ21世紀の初めにも、「償還原則」は守られず、せっかか

〔図5〕
なぜ、名神・東名の借金を返済しても無料にならなかったのか？ ＝「プール制」(1972年)

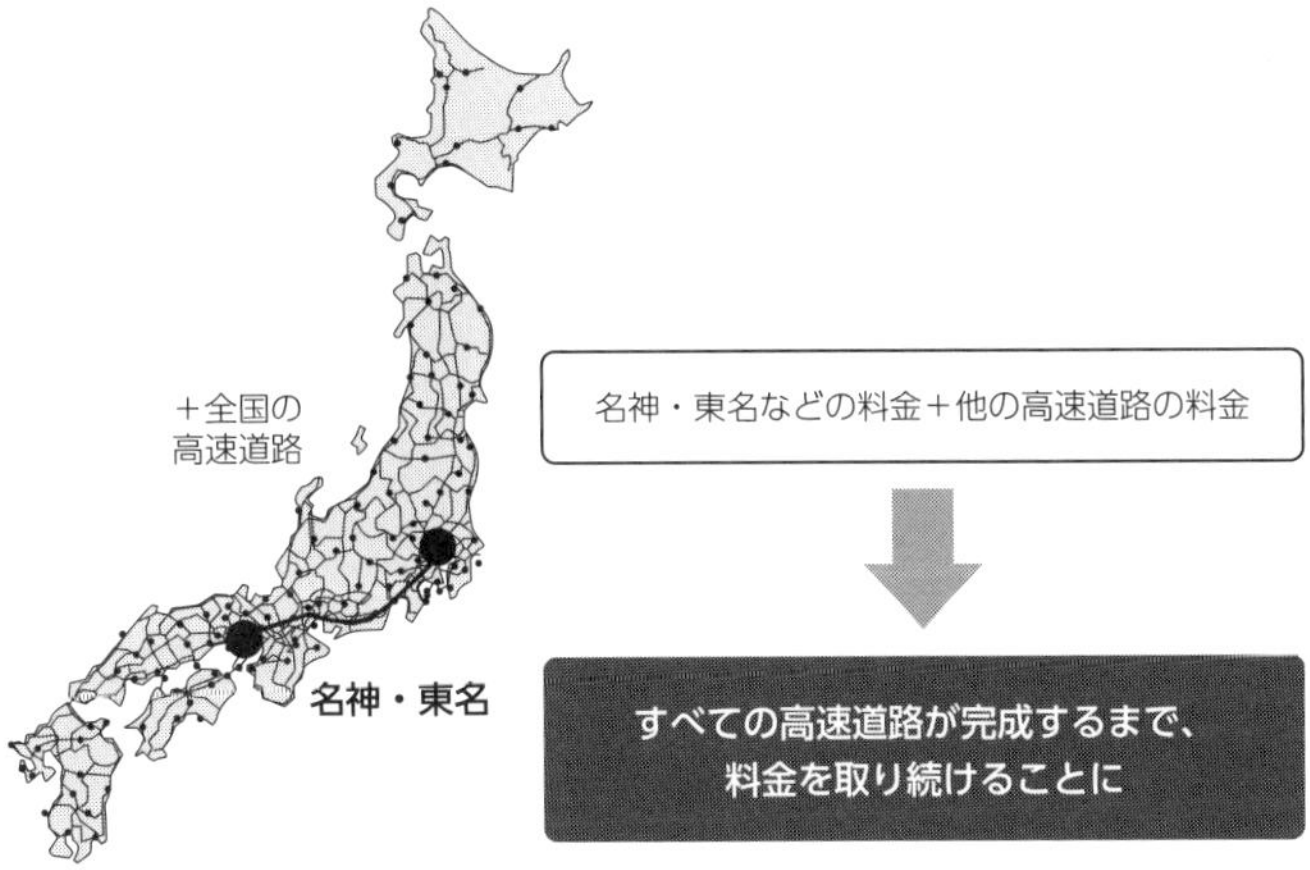

くつった地方の高速道路は高くて不便で利用者が少なく、借金の利息が膨らんでいくという矛盾を抱えていました。かつて、「地方分散」の切り札として田中角栄が情熱を傾けた高速道路は地方では「高嶺の花」になってしまったのです。だから、下河辺さんは「今はつくった道路をつかう時代だよ、頑張りなさい」とおっしゃって高速道路無料化を応援してくれたのです。

では、どうすれば、高速道路の通行料金をこれからは無料にできるのでしょうか。金融と財政の原則を適用すれば可能になります。そのためのいくつかのポイントを説明します。

まず、第1に、日常的にわれわれが使って

いる国道には通行料金はなく「無料」ですね。もちろん、国道はタダでつくれるわけではなく、通常、国は「建設国債」を発行してお金を調達し、できた国道を「無料」で提供しているわけです。国が無料のインフラを提供しているという点においては、全国の多くの橋が通行無料なのと同様です。建設国債の残高は現在277兆円に上ります。

第2のポイントは、ほとんどの高速道路は国が保有する「高速道路国道」という種類の「国道」だということです。しかし、「一般国道」が無料で通行できるのに対し、高速道路は通行料金を払わないと利用できません。なぜでしょう。

第3のポイントは、高速道路は国道であるにもかかわらず、「建設国債」という国の借金でお金を調達していない「形」になっているから「通行料金で借金を返すまで有料」という「理屈」になっているのです。つまり、高速道路国道という「国」の「道」をつくるにもかかわらず、「国」の「借金」である「建設国債」を使っていない、だから有料というわけです。

第4のポイントは、それではいったい高速道路の建設には誰がどこからどうやって借金をしたのか、ということです。

国が高速道路を建設するために発生した借金の残高は約30兆円あります。しかし、国が高速道路をつくるにもかかわらず、国は「借入主体」ではありません。だから、「建設国債」をつかうことができない、という「建て付け」になっています。それでは借入主体は誰なのかというと、「独立行政法人日本高速道路保有・債務返済機構」という組織になっています。名前の通り、この通称「機構」が「政府保証債」という国が債務保証をする債券でお金を調達して、高速道路を建設し、できた高速道路を保有し、高速道路の借金を返済するのです。国道であるにもかかわらず、国は高速道路の直接の保有者ではないのです。

それと注意してほしいのは「道路公団民営化」で「機構」とともに生まれたＮＥＸＣＯは高速道路の保有者でも債務返済者でもなく、「機構」の保有する高速道路の料金徴収や保守管理を行う「オペレーター」であるということです。段々難しくなってきましたが、ここからが肝心の話になります（図６）。

第４のポイントは全体としての仕組みは一見複雑になっていますが、会計の原則に照らすと「連結会計」で見た場合、機構は１００％国が保有しているから特別目的会社（ＳＰＣ）、ＮＥＸＣＯはその業務を請け負うオペレーターですから、「機構」のもつ高速道路という資産は国のものであり、「機構」の負う債務については「政府保証債」という、国債と同様に国が最終返済責任がある国の借金となります。

第５のポイントは、連結会計で見た場合は、「機構」の債務を本体である国の債務、つま

〔図6〕
今の高速道路の仕組み（道路公団民営化）

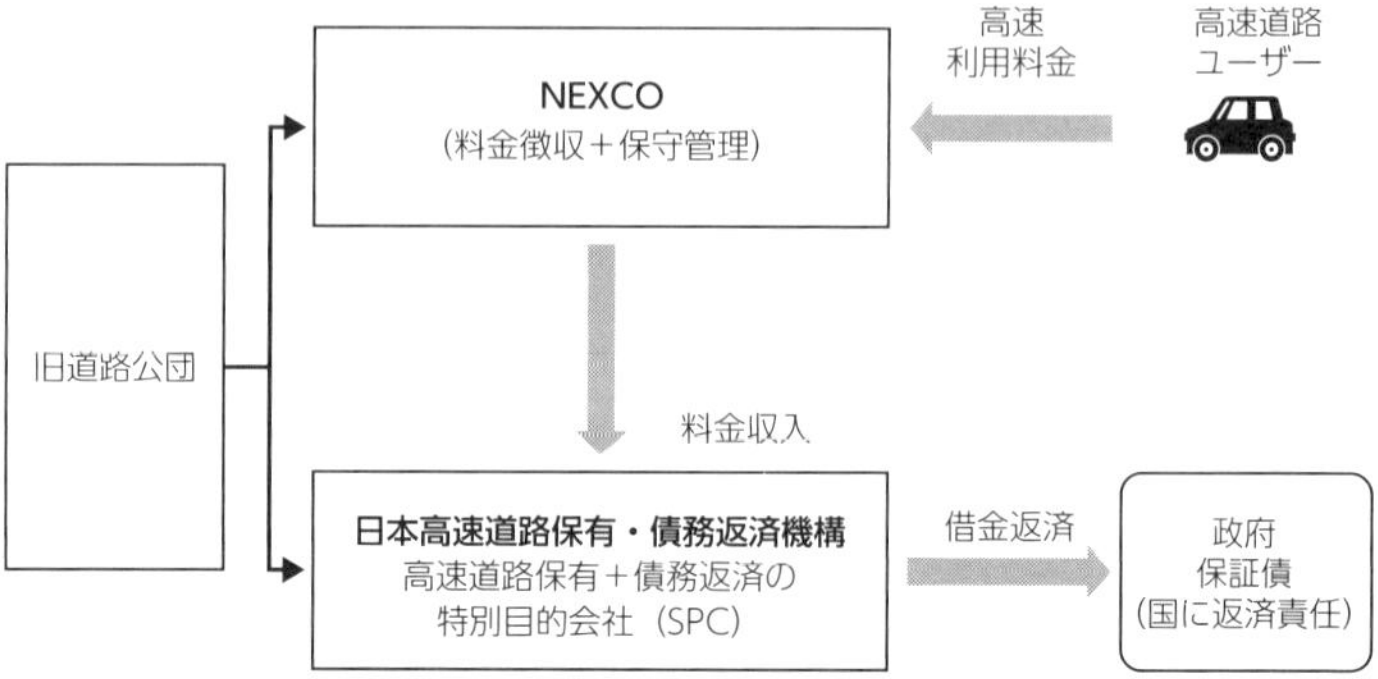

り、一般国道と同じく「建設国債」に振り替えても、国全体としての債務の額に変わりはありません。そして高速道路の直接の所有者を本来の所有者である国に変えても変わりはない、ということになります。そうなれば、高速道路の借金である「政府保証債」の30兆円分が増えて、「建設国債」は307兆円になりますが、国の100％子会社である「機構」の債務30兆円がなくなりますから、国全体の債務は変わりません。

第6の、とても大事なポイントは、「機構」の債務を本体である国の債務である「建設国債」に振り替えてしまえば、一般国債と同じく高速道路国道も無料で提供しなくてはいけないことになります。つまり、国の10

〔図7〕
無料化の仕組み

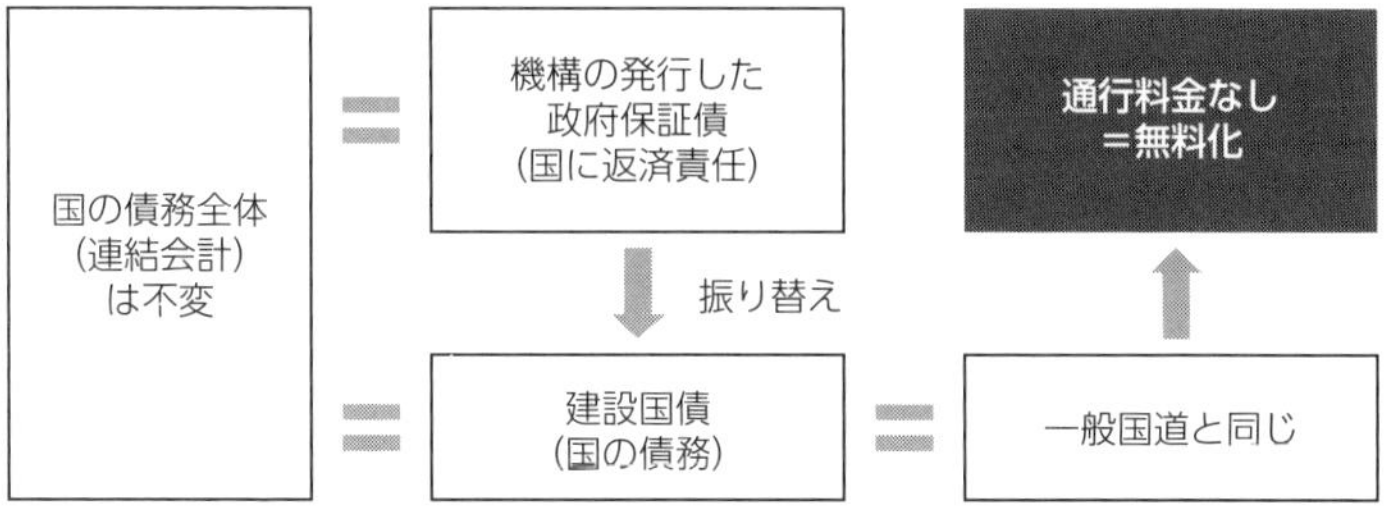

０％子会社「機構」の借金を親である国の債務である「建設国債」にすれば、「高速道路無料化」が実現してしまうのです（図７）。

国道である高速道路は国がつくり、他の国道と同じく無料で提供するというのはアメリカ、イギリス、ドイツなどの主要先進国が行っており、グローバルな標準です。日本も先進国並みになるだけのことです。

第７には、日銀が高速道路の債務を振り替えた「建設国債（通常満期は60年）」を買って、満期まで保有すれば、税金を上げる必要はないし、国債市場の需給関係を壊すこともありません。しかも返済財源が不確かな赤字国債と違い、ドイツやアメリカの例にもあるように、無料の高速道路は将来大きな経済成

〔図８〕
高速道路ユーザーは二重の負担をしている

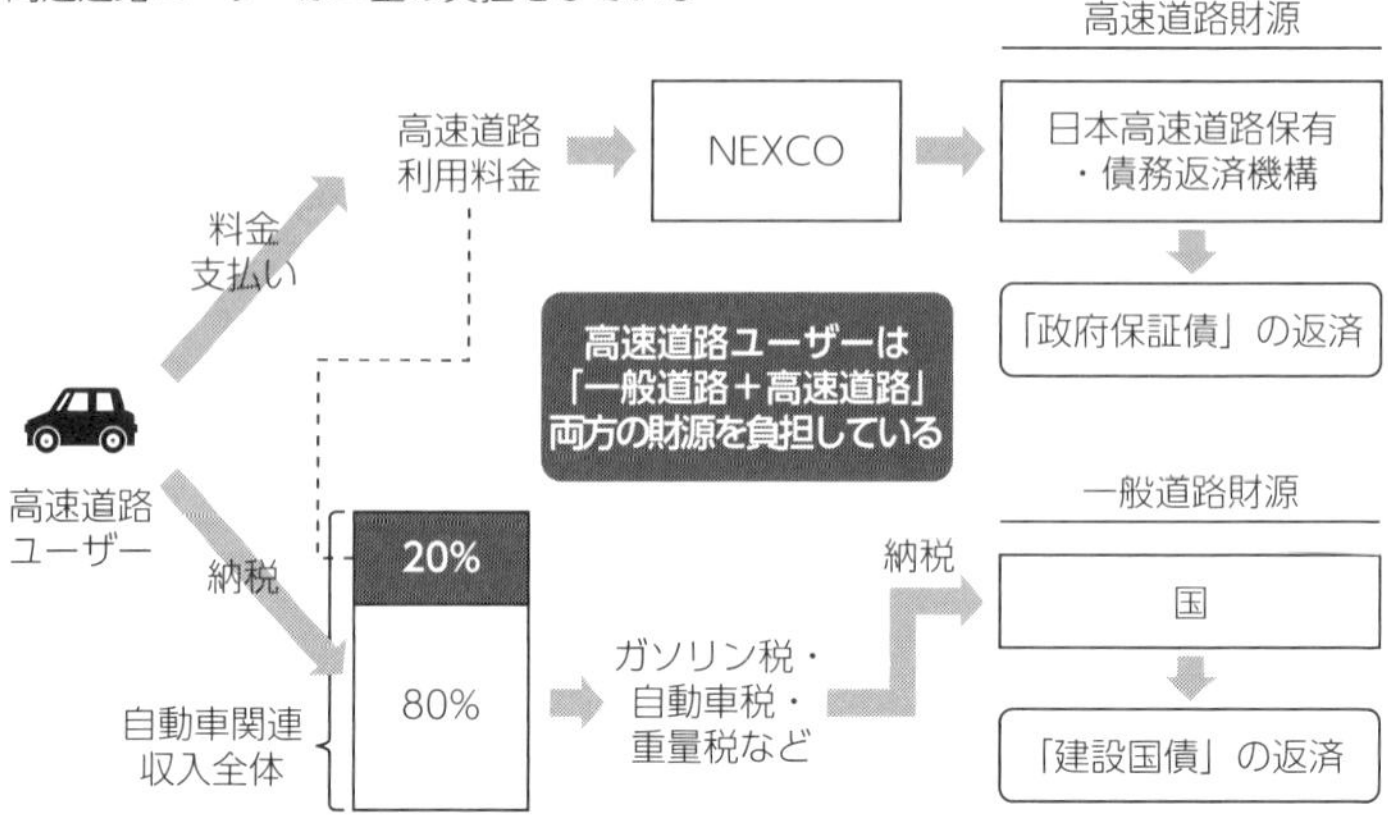

長と税収増加をもたらしますから、むしろ財政は大幅に改善します。

最後に、高速道路の利用者の皆さんに知っていただきたいのは、皆さんは一般道路の建設に使われる自動車関係の税金と高速道路の通行料金の両方を取られているということです。

高速道路の交通量は自動車交通量の約20％にあたります。ということはガソリン税などの自動車関係の税金の約20％は高速道路ユーザーが負担していますが、その税金は高速道路に使われず、一般道路の財源に使われていることになります。その上で高い高速道路の通行料金を払っているのですから、皆さんは二重払いしていることになります。高速道路を無料化すれば、この二重払いはなくなります（図8）。

国にとってもおトクになる高速道路無料化

国民負担の面だけからいったら、税金と通行料金の二重取りはやめるべきです（ただし、高速道路の渋滞の回避のために、大都市部の高速道路では「ロードプライシング」として通行料金を取るべきだ、というのが私の考えです）。

一方で、国からしてみると、せっかく高速道路ユーザーである国民が一般道路建設に使われる自動車関係の税金と高速道路の建設に使われる通行料金の両方を払ってくれているのだ、財政危機なんだからいいじゃないか、このままもらっておこう、と考えていても無理はありません。日本の財政赤字は巨額に膨らんでいるのですから。財務省が「高速道路無料化」に反対してきたことは、ある意味で責任感のあらわれなのかと思います。

しかし、思い出してほしいのです。まずナチスドイツで、戦後はドイツに学んだアメリカが全国に無料の高速道路をつくることで、それまで不便だった地方の交通が飛躍的に便利になり、両国で高度成長を生みました。「高速道路は無料」は先進国のスタンダードなのです。

今の日本こそ、「過密と過疎の解消」と「地域創生」の切り札として「地方分散」が必要です。「高速道路無料化」が起爆剤となって「田園からの産業革命」が起きれば、地方からの力強い成長が起きます。

世界最大の債権国である日本は「高速道路無料化」の実現のために、「機構」の発行した「政府保証債」を国の「建設国債」に振り替えるのに、外国の了承などは不要です。最も痛みが少なく、効果が大きい行政の改革です。

ワイマール共和国が１９２９年の大恐慌からのハイパーインフレと財務破綻で崩壊した後のナチスドイツは、無料の高速道路アウトバーンを全国に建設して、驚異の経済成長を遂げ、６００万人の失業者を30万人に減らすことに成功しました。

ナチスドイツを破ったアイゼンハワーが大統領となった戦後のアメリカは全国に無料の高速道路インターステートハイウェイを建設しました。インターステートハイウェイは戦後アメリカのゴールデン・エイジと言われた50年代、ＧＤＰ成長に年率３％もの寄与をしたと分析されています。財政もめざましい再建を成し遂げました。無料の高速道路が引っ張った高度経済成長は税収を大幅に増加させ、終戦直後に対ＧＤＰ比で１００％を超えていたアメリカの国債残高は15年後の60年代にはわずか20％に低下したのです。無料の高速道路を全国につくることで戦後のアメリカは、経済成長と財政再建を成し遂げました。

かつての大蔵省には「川を遡《さかのぼ》り、海を渡る」という原則があったと聞きました。「制度の原点に戻り、海外の経験から学ぶ」ということでしょう。高速道路の制度の原点は「無料開放」でした。そして、海外主要国は無料の高速道路網を建設し、経済成長と大幅な税収増加を経験しました。「高速道路無料化」こそ、最大級の「財政再建」への道であることを財政当局も認識して、決断すべきときではないでしょうか。

そして、アメリカとドイツの歴史を見れば、「21世紀型大恐慌」が現実のものになろうとする今こそ、日本が「高速道路無料化」による経済成長と財政再建を果たす絶好のチャンスであることを政府のみならず、日本社会全体で共有して政府の勇断に応援をもらいたいものです。

移動コストゼロ社会へ

さて、ここで思い出してほしいのが、石油経済から太陽経済に転換することで、交通革命も同時に起こる点です。つまり、ガソリン車から、将来は自動運転電気自動車「自電車」に移動手段が変わります。

〔図9〕
「高速道路革命」 その1 将来の高速道路

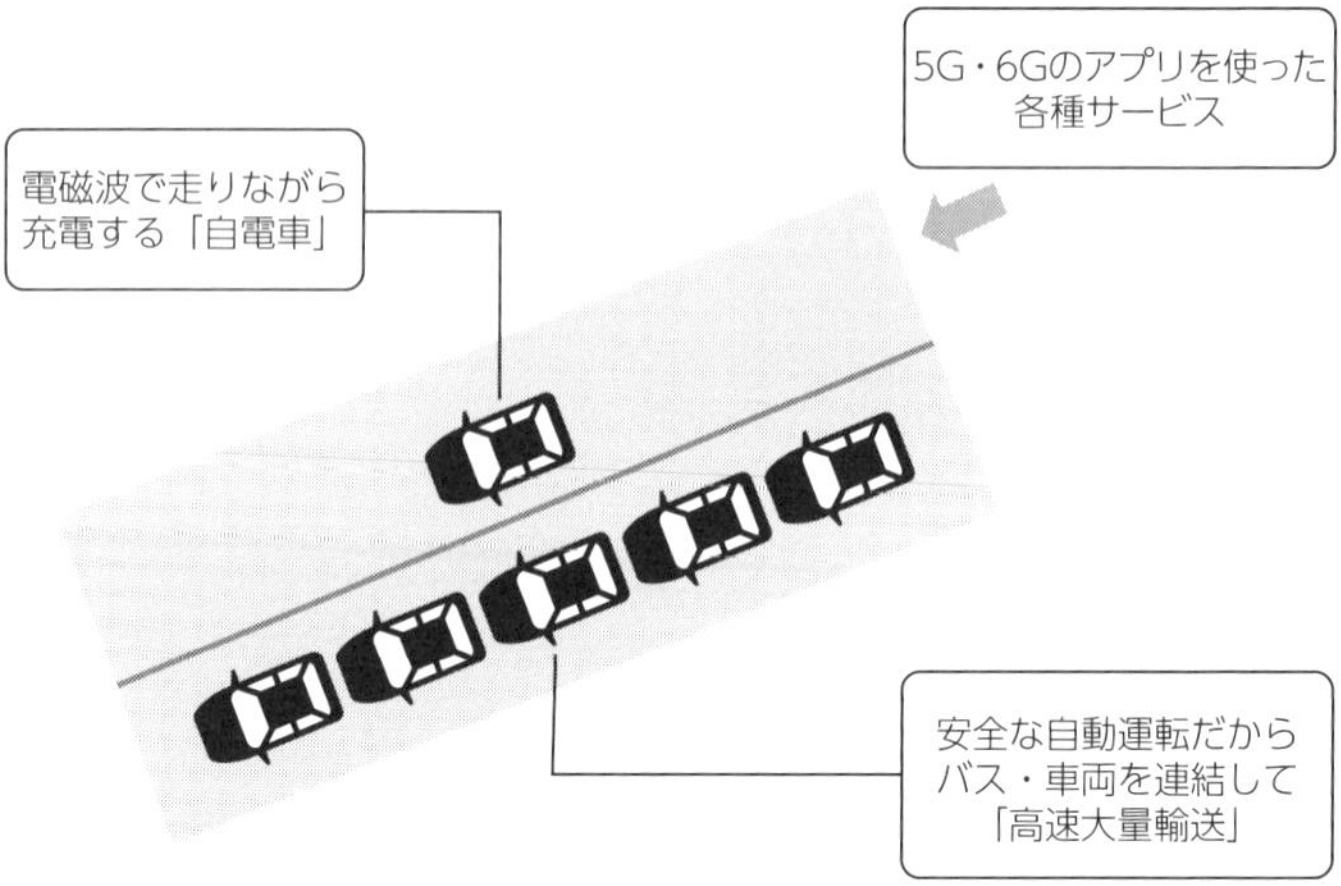

太陽エネルギーによる発電によって電力は限りなく無料に近づき、ほとんどの自電車は購入する必要のないシェアリングになり、利用料として安価な公共料金を支払うだけになります。さらに高速道路が無料になればどうなるでしょうか。

移動するのにお金がほとんどかからない「移動コストゼロ社会」になります。そうなると、都市交通の利便性を地方の交通が凌駕するのです。しかも、前述したように、将来的にはショッピングセンター内の店の目の前や病院やマンションの部屋の目の前まで自電車で移動することが可能になります。

高速道路では、何台もの自電車がつらなって移動することが可能になり、地方間移動、都市地方間移動も、速く安く苦労なく安全になります（図9）。

交通革命の利便性や低コスト化は、都市よりも地方においてその魅力をより一層高めることになるのです。

「道の町」はコストと利便性で都市を超越

そして無料化した高速道路では、インターチェンジ――出入口を2キロメートルに1つに増やします。現在は平均約11キロメートルに1つなのですが、それを2キロメートルに1つにすることで、地方の移動の利便性がさらに上がり、地方住民の行動範囲が広がり、経済圏が広がります。インターチェンジを増やすことで、高速道路が生活道路に変わるのです。

現在、高速道路の総延長は約9000キロメートル、インターチェンジの数は約800です。

2キロメートルごとにインターチェンジをつくれば、その数は約4500に増え、この4500のインターチェンジごとに「道の町」をつくることができます。この道の町には、地域電力会社はもちろん、病院や介護施設、消防署、警察署、学校、ショッピングセンターなど、生

〔図10〕
「高速道路革命」 その2　将来の「道の町」

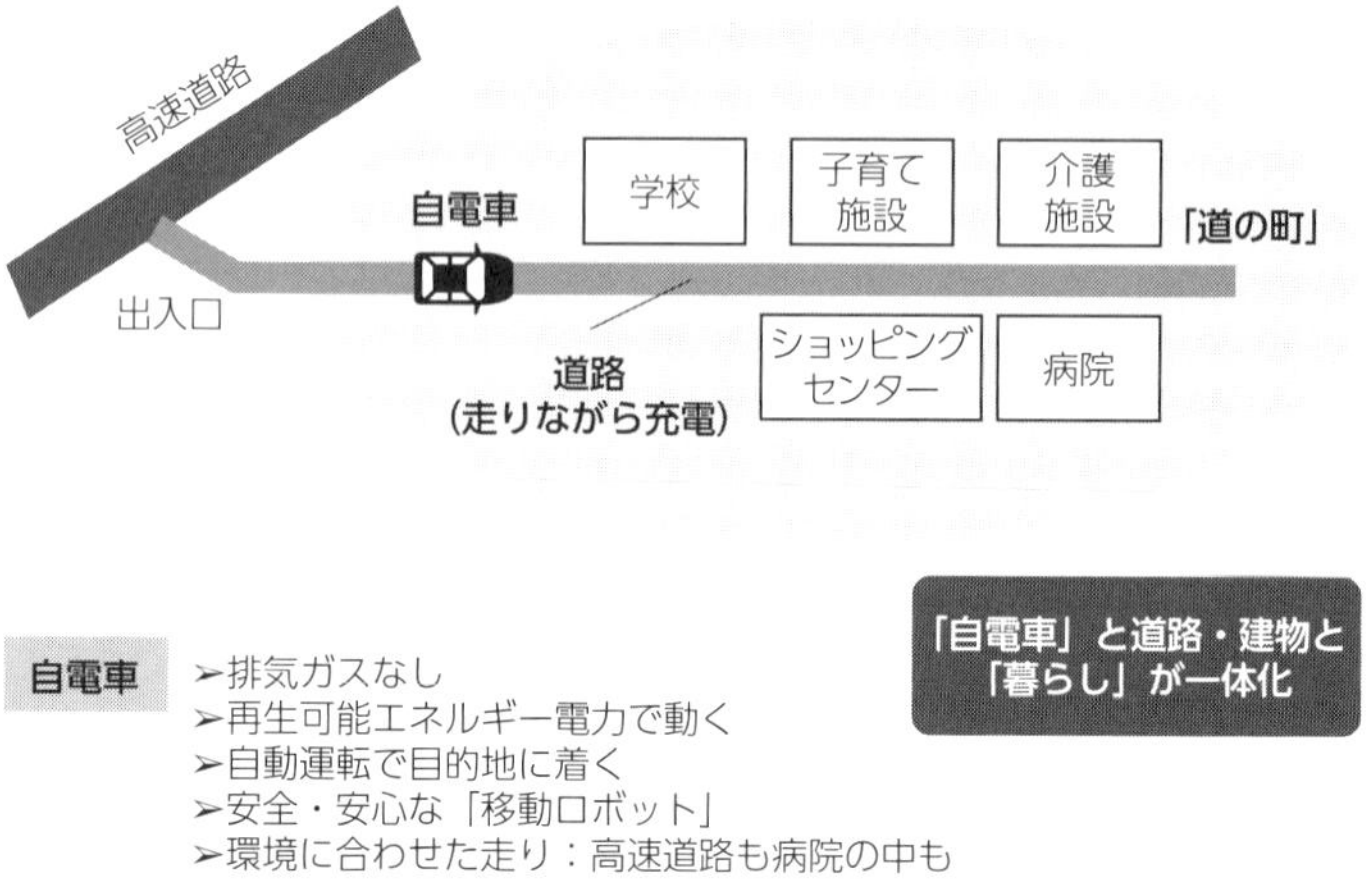

活に欠かせない施設をつくります。そうすると、町の歩ける範囲内に生活に必要な施設が全部そろい、日々の生活は徒歩ですべて済んでしまいます（図10）。

　現在の地方では、歩ける範囲内に生活に必要な施設は平均して約15％しかありません。このため、諸施設に行くには車で移動する必要があり、ときには数十キロメートル、あるいはそれ以上離れた地方都市まで車で行くことになってしまいます。

　現在、高速道路をつかうと、1キロメートル走って25円、100キロメートルで2500円の料金がかかります。しかも、インターチェンジが約11キロメートルごとにしかありませんから、インターチェンジに行くまでと降りてからも、相当距離を車で走る必要があります。

つまり、交通面においては、高速道路があったとしてもコストと利便性の両面で決定的に都市より地方が劣るのです。

都市は生活費も高く、住居費も高い。それでも都市に人が集まるのは、歩ける範囲、電車やバスで簡単に行けるところに生活に必要な施設がすべてあるからです。コストが多少高くても都市に人口が集中するのは、圧倒的に生活が便利だからでしょう。

しかし、高速道路2キロメートルごとにインターチェンジをつくり、そこを基点に道の町をつくり、生活に必要な施設が町に全部そろえば、歩ける範囲内で日々の生活ができるようになります。

もし、自分が住む道の町にはない施設に行く必要があるときも、高速道路は無料で電力もほぼ無料。公共交通手段である自電車も安価になりますから、気軽に何度でもどこにでも行くことができます。

生活費や住居費は、今でも地方のほうが都市より安く、それは太陽経済になった未来においても変わらないでしょう。不動産コストが安いだけでなく、生活コスト、交通コストも安くなり、個人負担が減りますから実質所得は増えます。

〔図11〕
「高速道路革命」 その3　無料化で起きるNEXCOの変身

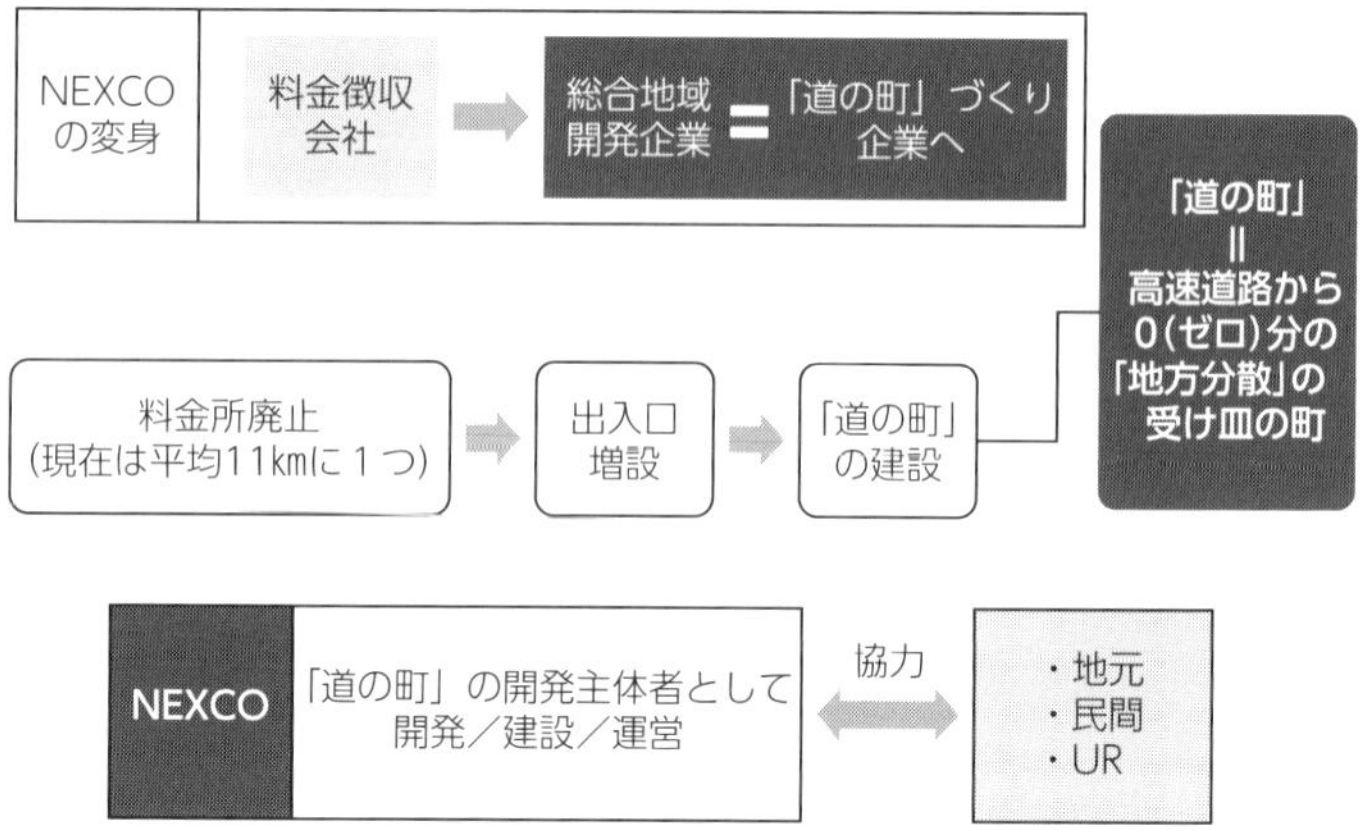

つまり、太陽経済下においては、生活におけるあらゆるコストと利便性の両面で、地方が都市を大きく上回ることになるのです。

いかがでしょうか。未来の地方の田園の町に住みたくなってきたのではないでしょうか。

こうした道の町をつくる開発主体としては、日本道路公団の民営化により発足したネクスコ（ＮＥＸＣＯ東日本、中日本、西日本）が考えられます。ネクスコを管轄している国土交通省にはＵＲ都市機構もありますので、両者が民間とも協力すれば、道の町を全国につくる都市計画の立案など十二分に可能ではないでしょうか。

前例もあります。国鉄です。旧国鉄は鉄道

を動かすことだけが仕事でしたが、ＪＲになってホテル経営や駅ビル、駅構内の商業施設の運営、不動産開発なども行っています。ネクスコとＵＲ都市機構が同様のことを高速道路のインターチェンジを基点に全国的に行うことは、十分に可能なはずです（図11）。

このように考えると、２０５０年には、道の町が日本全国に実現していてもおかしくはないと私は思っています。

首都高速を「大深度地下化」すれば東京は甦る

では、「地方分散」によって、東京をはじめとした大都市は人口が減り、高齢化が進み、そのまま衰退していってしまうのかと言えば、そんなことはありません。もちろん何もしなければ大都市は衰退してしまうでしょうが、できることを着実に行えば、東京は世界一豊かな真の世界都市に成長し、他の大都市も大きく発展することができると、私は考えています。

すでに述べたように、私の高速道路の無料化案には、首都高速道路は入っていません。それは、首都高速道路に関しては、私たちは別の構想をもっているからです。それが、「首都高速の大深度地下化」と地上部分の「世界都市化」です。阪神・淡路大震災で大都市の高速道路が倒壊した惨状を見た有識者たちの長年の研究をもとにしています。

まず１９６４年の東京オリンピックのために建設された東京中心部の首都高速約50キロメートル分を地上から撤去し、大深度の地下に建設します。これは技術的には可能です。問題はその費用ですが、それについては後ほど詳しく述べます。

地上の首都高速道路を撤去し、大深度に「地下高速道路」を建設します。これによって地上には、土地の上空の空間を利用する権利「空中権」が推定約１０００ヘクタール分生まれます。

丸の内エリアが約80ヘクタールですから、その12倍以上の開発空間が東京の中心部、日本橋や大手町などの地価が非常に高いところに生まれるので、それだけ付加価値の高い都市開発ができるのです。

魅力的な都市開発が世界ナンバーワン都市への道

首都高速の地下化によって生まれた新たな地上に、高層ビルばかりを建てる必要はありません。震災などへの防災機能も大深度地下に建設することができます。ある地域は江戸時代以来の緑と水の景観を取り戻し、伝統と文化を感じることができる地域にする。ある地域は子育てや病院や介護などの施設が集まる医療地域にする。ある地域は学校や研究機関などが集まる学術地域にする。

こうした世界のどこにもない魅力ある都市に東京が変貌すれば、世界から人や資金を呼び込むことができるでしょう。特に、日々発展、成長しているアジアの企業や大学、研究機関などを誘致します。

なぜなら、中国経済はもちろん、インド経済も成長しますし、東南アジア経済もこれからどんどん大きくなるからです。21世紀は、本格的にアジアの世紀になります。

現在、石炭や石油、天然ガスなどの化石燃料の年間輸入金額は、アジア全体でおよそ100兆円あります。今後、太陽経済になれば、その80％、約80兆円がいらなくなります。

現在でも、アジア諸国は国際収支が黒字の国が多いですが、太陽経済になれば、化石燃料の輸入金額の約80兆円分が浮き、黒字幅がさらに大きくなります。つまり、資金が余り出すので投資が活発化し、アジアの企業はもちろん、大学や研究機関もますます大きくなるでしょう。

それら世界トップとなるアジアの大企業、大学、研究機関などを東京に誘致できれば、それらの大企業が東京に高層ビルを建てたり、大学が広大なキャンパスをつくったりすることでしょう。そうすることで、多くの優秀な人材が集まり、巨額の資金も集まり、東京はこれまでの「欧米都市」の性格に加えて、世界ナンバーワンのアジア都市となることができるのです。

現在は新型コロナウイルスのパンデミックのためにストップしていますが、インバウンドによって日本全国の観光地が潤ったことでわかるように、アジアの人たちに日本に来てもらうことが、日本にとって非常に重要なのです。

大阪や名古屋などの他の大都市でも高速道路を地下に建設することで、地上に新たな土地を生み出し、そこを都市開発すれば巨大なアジア都市に生まれ変わることができると思います。

3度目の開国は、アジアに向けた「令和開国」

東京をはじめとした日本の都市は、これまで国内とアメリカ、ヨーロッパのほうを向いた都市でしたが、今後は世界全体、特にアジアに向けた都市に生まれ変わる必要があるということです。

歴史を振り返ってみれば、日本は明治維新によって最初の開国を行いました。これは当時の先進地域だった欧米に対する開国でした。第二次世界大戦後は、戦勝国アメリカに向かって開国を行いました。

これに対して、今回の「21世紀型大恐慌」後の「田園からの産業革命」による「令和開国」は、アジアに向けた開国になります。

これら3度の開国により、日本は、ヨーロッパ、アメリカ、アジアへ開国したことになり、これは世界の主要地域に対して開国したことを意味します。

そしてこれまでの2度の開国時は、国内において地方から都市への人の大移動が起こりましたが、今回は逆に、都市から地方へ人が大移動するという点が大事なポイントです。同時に、東京を中心とした日本の大都市がアジアに対して大きく開かれ、アジアの人たちがそこに流れ込んでくるのです。

すると、中国やインド、東南アジアのエリートたちが日本の都市にやってきますが、この人たちに日本の介護や年金などの社会福祉が必要かと言えば、必要になる年齢にはそれぞれの本国に帰っているか、リタイア後を楽しむために別の地へと去っている人が多いでしょう。

つまり、進出するアジアの働き盛り世代には、高齢化やそれに伴う社会保障費の問題を日本が心配する必要は余りなく、旺盛な税収と消費と投資が期待できるのです。昭和の高度成長時代のように働き盛りの現役世代が活躍する「現役都市」に、東京をはじめとした日本の大都市はなることができるのです。

資金調達は「インフラファンド」と「デジタル証券化」を活用せよ

では、東京をはじめとした大都市で、今ある地上の高速道路を撤去し、大深度の地下に高速道路を建設する費用や、その後の都市開発の費用はどうすれば調達できるのでしょうか。

こうした高速道路の地下化や都市開発の資金には「インフラファンド」を活用し、さらには、終章で詳しく述べますが、将来は「デジタル証券化」もインフラファンドに活用すべきです。日本では、まだインフラファンドが非常に小さいですが、アメリカでは携帯電話のインフラを整備するためのインフラファンドだけでも約１６０あり、一番大きいファンドは約10兆円規模で、次が約６兆円規模なのです。

ＮＴＴなどの巨大インフラ企業であっても、５Ｇや今後の６Ｇのことまで考えたら、もはや自前で設備投資を全額まかなうことは困難になります。頭を切り替える必要があります。企業は、巨大な施設の所有者ではなく、その管理、運営者になれば、今まで同様のオペレーションによる収入を確保できる上に、資産と負債は軽くなって、利益率は向上します。証券化の際に入ってくる資金で新規投資もできますから、事業全体を拡大できるのです。

インフラの新しい所有者には、終章で説明しますが、「公的年金」を中心とした「長期国民資産」が主体となるべきです。国債より高い収益率で、企業は株主が要求する水準のコスト以下での調達が可能となり、巨大インフラ企業にも国民資金にもメリットがあります。

インフラファンドの基本的な仕組みは、不動産投資信託（ＲＥＩＴ）とほぼ同じです。これは不動産を証券化し、その証券を販売することで、不動産を建設する費用を投資家から集めます。三菱地所や三井不動産といった不動産会社は開発主体となり、建設は集まった資金で建設会社に任せ、完成した建物の運営を自分たちで行い、その手数料を受け取ります。

この不動産投資信託のおかげもあって、リーマンショック時も、日本の最大手の不動産会社は1社も倒産しませんでした。不動産の証券化で資金調達したことで短期的な金融のリスクとは遮断されて、不動産価格が急落しても最大手の不動産会社は潰れなかったのです。

インフラファンドを活用すれば、電力や通信などのインフラ企業は、「オフバランス化」によって、不動産会社と同様のメリットを受けます。そしてそれは、高速道路を運営する国や、都市開発を行う東京都も同じです。

国や東京都が開発に参画し、インフラファンドで資金を集め、集まった資金で建設会社に建設を任せ、完成した高速道路や新しい施設の運営を国や東京都が行えば、税金を使うどころか、巨額の運営収入と税収が入ってきます。東京での首都高速の大深度地下化と、それによる都市開発は莫大な事業規模になります。それに対する消費税、所得税、不動産関連税、事業収入なども考慮に入れれば、巨額の収入が、将来にわたって東京都や国に入ることになるはずだからです。

「首都高速の大深度地下化」に始まる東京の「若返り」は阪神高速でも名古屋高速でも応用可能だと思います。「高速道路革命」により大都市を再開発し、日本の大都市でも若返りと成長が可能になります。これこそまさに、「国土の均衡ある発展」です。

「高速道路革命」をすぐに実行に移せば、２０３０年、日本は地方と都市がバランスのとれた発展を遂げ、地方も大都市も輝く令和の「国土の均衡ある発展」が実現すると私は確信しています。

3 日本の田園を輝かせるプロジェクト

２００９年2月、私の『日本「復活」の最終シナリオ「太陽経済」を主導せよ！』の出版と同じ月に、私たちは一般社団法人「太陽経済の会」をスタートしました。

リーマンショックは大恐慌にはならないだろう。しかし、もっと重要な人間の生存条件の危機がはじまっている。人類が１００億人になっても、平和で共存共栄するには「太陽経済」を実現するしかない、という私の考えに多くの方々がご賛同いただいて、活動はスタートしました。

２０１１年の東日本大震災以降は、「山﨑が事業をやるべきだ」という声に押され、事業会社も設立して活動を開始しました。

「太陽経済」の理念に沿ったプロジェクトのいくつかをご紹介いたします。

瀬戸内市に日本最大の太陽光発電所を建設

私たちは、岡山県瀬戸内市に日本最大の「瀬戸内Ｋｉｒｅｉ太陽光発電所」をつくりました。建設を開始したのが２０１４年10月、運転を開始したのが２０１８年10月です。東京ディズニーランドの10倍の広さ（５００ヘクタール）の塩田の跡地に、パネル枚数約90万枚、発電規模は約２３５メガワットという、日本最大のメガソーラー発電所です。

これは、巨大プロジェクトとなったため、日本史上最大の「プロジェクト・ファイナンス」を私たちが組成して、ＧＥや東洋エンジニアリングや中電工といった国内外の有力企業と地元企業から約２００億円のエクイティ資金を調達。同時に、国内のメガバンク３行が幹事会社となり、28の金融機関が参加する約９００億円の大規模シンジケートローンを実現させました。合計すると約１１００億円の巨大プロジェクトとなりました。

建設地は、もともとはアジア最大の塩田でした。しかし、技術の発達によって工場で塩がつくられるようになり、天日干しの塩の製造は廃れ、事業者は破綻しました。

海水を引き込む塩田であったため、建設地は海抜マイナス２メートル。塩を含んだ湿地です

から、畑にすることもできません。太陽光発電所にするにも地盤が弱いという問題があり、地震やそれに伴う津波、台風や高潮など、海から海水が流れ込んでくるリスクも考えなくてはなりませんでした。

さらに、大雨が降ったときには、山からの水が、最も低地になるこの場所に集まってきます。調べてみると、戦後2回、実際にそういう洪水が起きていました。

そこで私たちは、単にメガソーラー発電所をつくるだけでなく、周辺地域の安全・安心な街づくり、環境保全も併せて実現することを目指しました。

そのために、まず約40億円をかけて、堤防を強化するために、地下に清水建設が考案した岩盤に達する深さ40m先が串になった厚い鉄板を2キロメートルにわたって埋め込みました。もし震災で堤防が壊れても鉄板が海水の侵入を防ぎます。一方、地下の水流を保つために串状なのでした。

また、10億円をかけて中央排水路を浚渫《しゅんせつ》して、排水ポンプも最新のものに取り替えました。のちに、2018年に中国地方を襲った大豪雨でも無事に排水して洪水を防ぐことができ、周辺の住民の皆さんから大変感謝されました。

また、瀬戸内市が日本遺産（北前船）と世界記憶遺産（朝鮮通信使）の登録に成功するお手伝いもいたしました。

こうしたこともあり、国、県、市、近隣を含めた地域の協力が得られたことで太陽光発電所の完成が予定より1年早くなり、収益性も向上。最終的に、投資家に対しての運用利回りは、国債をはるかに上回るものとなっています。

この太陽光発電所によって、人口3万5000人の瀬戸内市に今後20年間で合計約120億円の収入をもたらすことができますが、ただ発電するだけでなく、また収入を増やすだけでなく、地域の防災対策や安全・安心対策、街づくり支援なども行い、地域における資金の循環も実現しました。

この瀬戸内市の太陽光発電所プロジェクトは、私たちの事業の原点とも言えるプロジェクトです。

瀬戸内市には、備前長船（おさふね）と呼ばれる地域があり、日本刀の聖地としても有名です。この備前長船の日本刀は、40本以上が国宝に指定されているのですが、国内唯一の刀鍛冶が常駐する公立刀剣博物館を有する瀬戸内市には1本もありませんでした。市長の発案で国宝の刀を買い戻すふるさと納税が開始された際には、小さな私たちが最初に1000万円を寄付するとともに、市の活動にご協力しました。瀬戸内市は、ふるさと納税で約5億円を集めることに成功し、上杉謙信の愛刀であった「山鳥毛《さんちょうもう》」という国宝の刀を買い戻しました。この国宝の日本刀が瀬戸内市のシンボルとなり、今では観光資産となっています。

日本のシンガポールになれる「国生みの島・淡路島」

私たちの事業会社の名前には「くにうみ」と付いています。「くにうみ」には、新しい国、陸と海、新しいふるさと、という意味を込めました。くにうみという言葉にご縁ができたのは、国生みの島淡路島を訪問したときでした。

２００2年3月、「道路公団民営化」が進められているころ、「高速道路無料化」からこそ、日本は元気になれるのではないか、その最大の恩恵を受けるのは古事記に国生みの島と記された淡路島、そしてその先の四国ではないか、そんな思いで私は淡路島を38年ぶりに訪ねました。神戸から明石海峡大橋を渡る、わずか4キロ先を訪ねたとき、ほぼ同じ大きさのシンガポールの繁栄をつぶさに見てきた私は、日本に「地方分散」の時代が来ると「日本のシンガポール」になるのは淡路島だと確信しました。

私がゴールドマン・サックスの本社共同経営者（パートナー）兼日本の資産運用会社社長の職を辞し、公共政策を提言する活動を開始したのが翌月でした。日本国民の年金や老後資金をお預かりする仕事で成功した自分が、国民にご恩返しをするときが来たな、と思ったからでした。

兵庫県の淡路島は、私たちが兵庫県に委託され、淡路市などにもご協力いただいて作成した構想に基づき、２０１1年12月に「あわじ環境未来島」として、内閣府の地域活性化総合特区に指定されました。現在は、県と3つの市と地元の有識者の皆様が「淡路島くにうみ協会」の活動を活発に展開しておられます。

淡路島は、車で神戸の中心地まで30分、大阪まで60分、関西国際空港から高速フェリーで60

分という大都市圏に近い好立地の島です。にもかかわらず、東京や大阪はもちろん、隣の神戸市に比べても土地が安価であり、しかもまとまった未利用地、公有地が豊富にあります。いわば、淡路島は、大都市に一番近い過疎地であり、田園なのです。

著名な建築家である安藤忠雄氏デザインのホテルや国際会議場もあるのですが、十分に有効活用できているかと言えば、まだまだその余地を残しています。

淡路島は海に囲まれた島ですが、本州四国連絡道路の神戸・鳴門ルートで本州とも、四国とも道路でつながっています。ただ、鉄道はつながっておらず、島内にも鉄道はありません。

高速道路無料化が実現すれば、日本の中でおそらく一番メリットがあるのが淡路島です。本州四国連絡道路が無料になれば、間違いなく神戸や大阪などの都市との往来が劇的に増えることが予想できるからです。

その際、交通事故や排気ガスをもち込ませないために、いち早く自動運転電気自動車「自電車」の導入試験に取り組むなど、淡路島を未来の交通システムの開発場所、最初の実践地にしたいと考えています。

島全体の電力を「地産地消」の再生可能エネルギーに転換していくことも重要です。すでに実施されている太陽光や風力に加えて、将来は多様な「太陽電力」を応用する場にすべきだと思います。

また、玉ねぎや牛肉やハモの有名な産地であり、農業と水産業のポテンシャルも高いのですが、これから一層伸びるのが観光業でしょう。美しい景色と温暖な風土、人形浄瑠璃などの独特の文化や伝統もあります。関西国際空港からフェリーで60分という地の利をいかして、海外からの観光客、インバウンド消費を増やすことは、官民が協力して観光戦略に力を入れればそれほど難しいことではありません。

また、関西国際空港からのアクセルの良さをいかして、国際交流の場をつくることができるのも淡路島の大きな魅力の1つです。

私はEHLという組織の日本代表をしています。EHLとは、エコール・オテリエール・ド・ローザンヌの略称で、一般的にはローザンヌホテル学校と呼ばれています。その名の通り、本校はスイスのローザンヌにあります。

近代ホテル業の創始者といわれるカール・リッツが1893年に創立しました。今では世界9カ国に直営校や提携校を展開する世界最大の観光ホスピタリティ教育機関であり世界中の名だたるホテルグループはもちろん、不動産や金融の業界に多くの卒業生を輩出しています。

海外の直営校はシンガポールのみ。淡路島が誘致すべき教育機関だと思います。

一方、ＥＨＬは世界的に有名ですが、徹底的に実地教育を行う学校です。学内で本格的な知識を頭だけでなく身体を使って学びます。

コースは大きく３つに分かれており、現場クラスの約６カ月のコース、マネジャークラスの約２年のコース、経営クラスの約４年のコースがあります。

ホテルのサービスに関する学校ですから、学生はみなスーツ。身だしなみや立ち居振る舞いについても学んでいることが、見ているだけでわかります。世界中から学生が集まってくるので、この学校で世界的な「ホテル人脈」をつくることができます。

スイスにはこのＥＨＬのほか、世界的な経営大学院ＩＭＤなど、実学教育に強く、またチューリッヒ工科大学など、レベルの高いテクノロジー研究・開発を行っている大学もあります。日本とスイスは、どちらも天然資源に乏しく、人こそが最大の資源です。スイスは人材の質で生き抜いてきた国だと言えるでしょう。

このＥＨＬが日本への進出を目指しており、私は淡路島は絶好の立地ではないかと考えています。観光業は、太陽経済でさらに発展する産業ですから、ホテルのホスピタリティを向上させることが成長を促進します。

なお、観光業に力を入れている国は日本だけではありません。アジアの国々も、これから自国の観光産業を大きく伸ばしていきたいと考えているでしょう。そうした国々の若い人たちにも、淡路島のホテル学校に学びに来てもらう。

そうすれば、国際交流も育まれますし、国際的な人脈づくりの場にもなります。各国の若い人たちが刺激し合えば、素晴らしいホスピタリティあふれるホテルが、日本に、そしてアジアに多数生まれるに違いないと考えています。

「グレー水素」をクリーンにする方法

現在、電力を生み出す燃料として、動向が特に注目されているのが水素です。トヨタ自動車が水素を燃料にした燃料電池自動車「ＭＩＲＡＩ」を開発するなど、水素を新たな燃料にした「水素社会」をつくることを目指して、日本ではこれまで様々な企業が研究を積み重ねてきました。

水素は燃やしても水しか出さないため、CO_2削減になり、化石燃料と違い、地球環境にも非常に優しい燃料です。しかし、これまであまり水素社会は進んできませんでした。それには、２つの理由があります。

1つは、化石燃料を素材にして水素がつくられるため、こうしてつくられた水素は、完全にクリーンではないという見方がされるのです。よって、「グレー水素」などと呼ばれることもあります。

2つ目は、これが致命的だったのですが、これまでの水素は生産量が少なく、価格も高いのです。水素をつくるコストが高いため、少量しかつくられず、それゆえに少量しか流通せず、価格も高い状況が現在も続いています。

これら2つの問題をいっぺんに解決する可能性が生まれています。頼るべき存在は北米のカナダです。カナダという国は国土の大きさは世界第2位、山が多く、水にも恵まれています。そのため、世界最大級の水力発電国なのですが、人口は3750万人、日本の約3分の1しかありません。このため、水力発電の電力には余力があります。

しかし、電力を他国に輸出したくても、買ってくれるであろう陸続きの先進国は、アメリカだけです。それ以外の先進国との間には、太平洋と大西洋が存在します。そして、アメリカは電力にそれほど困っていません。

そこでどうしても電力が余ってしまう。その解決策として進められているのが、カナダの水力発電によってつくられるコストの安い膨大なクリーン電力を使って、水を水素に変える技術開発です。ケベック州などでは、世界一発電コストが安いと言われる電力を使った、水素を製造・圧縮・貯蔵し輸送する技術の開発を、スタートさせています。

この水力発電によるクリーン電力によってつくられた「クリーン水素」を船で日本に輸入することは、カナダの安い電力を輸入するのと同じことです。カナダと日本は、送電線でつなぐにはあまりに遠距離ですが、水素なら船で運ぶことができます。こうしたことが技術的に可能になりつつあるのです。

たとえば新潟県は、明治以来日本で数少ない原油の産出地であったため、日本における石油産業発祥の地です。日本最大の石油企業であるＥＮＥＯＳ（エネオス）も、もとを正せば、新潟からスタートしています。

石油経済が終わりを告げるとき、今度は新潟を水素産業の発祥地とするのです。新潟県には水素発電所だけでなく、カナダから運んできた水素の巨大貯蔵基地をつくる。そこから日本全国へ水素を販売、流通させることを考えてもよいでしょう。圧縮水素はコンテナで運ぶことができるため、コンテナを日本各地の拠点ごとに置くだけで、燃料電池車などで水素を活用することができるようになります。

地方が自立する武器「亜臨界水処理技術」

瀬戸内市も、淡路島も、新潟県も、秋田県も地方の田園地域です。いずれにも豊かな自然があり、文化と伝統が存在します。また、再生可能エネルギーにも積極的です。それらを起点にしながら新しい街づくりを行うことで、医療や子育てなど、ホスピタリティに優れた魅力ある街にすることは十二分に可能でしょう。

多種多様な産業が発展すれば、地域GDPが向上します。地域GDPが東京よりも早く向上することが重要なポイントで、地域GDPが向上すれば、地域収支が黒字になります。地域収支が黒字になれば、地域として自立することができ、より独自性を発揮できる環境が整うと言えるでしょう。

そして地方が自立するために、発電所とともにもう1つ、重要な武器になるのが「二酸化炭素処理」と結合した「亜臨界水処理技術」です。

亜臨界水処理技術とは、簡単に言うと、亜臨界という生化学的な反応を活用して有機物の分子の鎖の構造を変え、有機物を再生し、同時にメタンガスを生み出す技術です。

亜臨界水処理技術は、廃棄物を資源に変える技術として農林水産省が推奨し、開発されてきました。ただ処理費用が高く、技術的な問題をクリアすることもできず、なかなか実用化できませんでした。しかし、ようやくイノベーションを起こす技術が開発され、これから実用化段階に入ります。

亜臨界水処理技術では、紙でも、プラスチックでも、家畜の糞でも、医療廃棄物でも、有機物であれば何でも、無臭で分解できます。分解後に出てくるのは、再生された有機物とメタンガス、別名バイオガスだけです。

一般の廃棄物処理場では、紙は燃やせても、プラスチックは有害物質などが発生するため燃やせません。水分が多い家畜の糞尿なども処理できません。水分が多いゴミは放置しておくとどんどん腐り、悪臭を放ちます。

しかし、自治体にはそうした水分の多い廃棄物のための特別な処理場をつくる予算がなく、処理するまでに非常に長い時間かかり、その間、環境への悪影響が続くという問題が生じています。亜臨界水処理技術はこの問題の解決にもつながるのです。

亜臨界水処理技術によって再生された有機物は、有機肥料として使えるので、高付加価値です。いま日本では、農業用の肥料などは輸入に頼っています。しかし、亜臨界水処理技術によって肥料を地産地消することが可能になり、地域収支の改善につながります。

さらにこの亜臨界水処理技術によって生まれるバイオガスは、発電用の燃料として活用でき、その発電量は通常のバイオマスに比べて3倍から5倍に上ります。バイオマス発電は、木を切ったり、枝を集めてきてつくりますが、バイオガスは廃棄物を亜臨界水処理する過程で出るので、それをそのまま燃料として使うことができ、便利です。

以上を整理すると、現在のゴミを高温で燃やす廃棄物処理場を、亜臨界水処理技術による廃棄物処理場に置き換えたり、併設したりすることで、プラスチックや家畜の糞尿など、これまで処理できなかった廃棄物を処理できるようになる。それだけでなく、再生された有機物を肥料などに活用でき、さらにバイオガスで発電することもできるようになるのです。まさに一石三鳥の技術だと言えるでしょう。

亜臨界水処理技術を使った廃棄物処理場を地方の田園の地域につくれば、自分たちの廃棄物を処理するだけでなく、都市のゴミを集めて処理することも可能になります。つまり、廃棄物処理でお金を稼ぐことができるようになり、これによっても地域収支が改善します。

また、世界的な問題となっている海洋プラスチックゴミも、それらを回収してくれれば、引き取って処理することができます。

一般的な廃棄物処理場は、建設するのに約50億円かかりますが、亜臨界水処理技術の廃棄物処理場は約20億円でできます。さらに、再生した有機物で肥料や有機土をつくったり、将来分析が進んで薬品や化粧品の原料として販売すれば、収益があがります。バイオガスで発電した電力も販売することができます。

つまり、収益ポイントが、廃棄物を引き取る、有用な有機物ができる、バイオガスから発電する、と3つもあることになります。その結果、高収益を実現でき、地域収支の黒字化も可能となるのです。

亜臨界水処理技術を使った廃棄物処理場は、行政や地域の合意ができれば、多くの地域でつくれますので、成功事例が生まれれば、日本全国に広がっていくでしょう。

そして、日本で成功すれば、それを世界に広げることも可能になります。

島と海から豊かになる日本

日本全国の地方、田園をめぐる中で、私が最も成長すると考えているのが、日本の島と海です。海外などでは、不動産の中で最も価値が高いのが「ビーチフロントエリア」だとされています。そのような中、日本には全国各地に６０００を超える島々があります。その価値と魅力を最大限に引き出していけば、日本は全国的に大きな成長を遂げられると考えています。

中国の史書『魏志倭人伝』では、対馬国《つしまこく》、壱岐国《いきこく》、末盧国《まつらこく》（現在の佐賀県伊万里市付近）、伊都国《いとこく》（現在の福岡県糸島市付近）、奴国《なこく》（現在の福岡県福岡市付近）、邪馬台国《やまたいこく》（九州説と畿内説がある）という順番で登場し、これがメインの通商路だったと考えられています。そして、大陸と日本の文明の最初の交流の場所であり、「外交」が始まった場所でもありました。

太陽経済が本格化すれば、送電線は日本国内だけでなく、海外ともつながることになりますが、日本で最初に海外の送電網に結ばれるのが、これらの島と海になると思われます。『魏志倭人伝』に出てくる順番で大陸とつながっていく可能性が、地理的に見ても、歴史的に見ても高いと言えます。また、亜臨界水処理技術を活用すれば、生活や農林水産業や観光や医療からの廃棄物が電力や有機肥料などに替わり、活用できます。

島と海こそ、循環型社会と持続可能開発目標（ＳＤＧｓ）のモデルになれるのです。

日本は海洋国家と言われ、島が６０００以上ありますが、それをいかし切れていません。欧米では、大都会と並んで一番土地が高いのはビーチフロントです。日本の海岸線の長さを合計すると、アメリカや中国よりも長いのですが、現在の海岸線地域の土地のほとんどは、二束三文でしか売れません。

海に囲まれている島は、ビーチフロントばかりと言ってよく、環境やサステナビリティに配慮した質の良い開発を行えば高付加価値を生み出す可能性が十分にあるのです。

アメリカやヨーロッパでは、クルーズ船で島々をめぐり、それぞれの島ならではの体験ができるクルーズ観光の人気が高いのですが、日本国内ではまだそれほど普及していません。長崎県の島々や瀬戸内海の島々をめぐるクルーズ観光がもっと本格的に行われるようになれば、世界から観光客が集まってくるでしょう。

日本はクルーズ観光でエーゲ海や地中海やカリブ海に並ぶ世界クラスになれると私は見ています。そのために大切なのは、世界のクルーズ先進地が実行している海と島との連携です。上陸してからの魅力こそがクルーズの醍醐味なのです。島が豊かになれば、移住する人も増えます。

そして、ある島でできた成功モデルは、同じような他の島にヨコ展開することができます。たとえば、1万3000もの島があるインドネシアなどの世界中の島々が自立して繁栄するモデルを、日本の島と海でつくりたいと考えています。

インドネシアには約1万3000もの島がありますが、それらの島々のすべてを送電網で結ぶことは不可能です。島一つ一つで電力をつくる必要があります。農業や漁業でもゴミは出ますから、それを亜臨界水処理技術で電力に変える。風力や太陽光で発電する。そうしたことができれば、島一つ一つが自立できます。

日本一の富士山の麓につくる「世界教養村」

富士山の麓、現在、山梨県が「富士山登山鉄道」の敷設を構想しているエリアの近くに、「世界教養村」をつくるプロジェクトを進めています。最も長期的かつ世界的インパクトが大きいプロジェクトで、完成すれば、東京ディズニーリゾートの約5倍の広さになります。

世界教養村は、海外向けに英語にする際は「ヒューマン・フューチャー・ビレッジ」となり、人間の未来を考えていく村という意味を込めています。

1930年代から、スイスにおいて「エラノス会議」という名の集いが開かれました。世界の宗教学者、神話学者、心理学者などが集まり、人間の精神性や未来について議論したのです。日本からは、仏教学者であり東洋思想家でもあった鈴木大拙などが、参加していました。

スイスで行われる国際会議としては、現在は世界経済フォーラム、通称「ダボス会議」が有名ですが、これはその名の通り世界経済が主テーマです。私は、それとは趣を異にし、エラノス会議のような、経済や政治だけでなく、環境や人の心のあり方までの人間の未来について、様々な分野の世界のトップが集まる会議をこの世界教養村で毎年開催したいと考えています。そのために、世界的にハイレベルな国際会議が開催できる施設をつくる計画です。

そして世界と日本を代表する知識人たちには「レジデント」としてここに居住して常時交流し、世界に発信してもらいたいと思います。そして、蔵書やデジタル環境や書斎などの「創造の場」からも発信してもらいたいです。

また、フランスには、フランソワ1世がつくった「コレージュ・ド・フランス」という国立の特別高等教育機関があります。「学者なら一度はここで講義をしてみたい」「ここで講義をするのが人生の目標」などと言う人がいるほど、コレージュ・ド・フランスは学者や研究者のあこがれの教育機関です。著名な哲学者ミシェル・フーコーも、このコレージュ・ド・フランスの教授でした。教壇に立って講義をするのは、それほどまでに難しいのですが、講義は一般公開されているため、誰でも無料で聴くことができます。

こうした開かれた高等教育機関を国際会議場とともに世界教養村につくることで、世界教養村を世界有数の知の拠点にしたいと思います。

「世界の人口が100億人になったとしても、平和で共存共栄できる条件は何か」。こうしたことを考え進めていく本部となるのが、世界教養村です。構想としては国連に全面的に協力してもらいたいと思っています。

日本には世界の多種多様な宗教や哲学が集まってきていて、それらがみな共存しています。たとえば、神道があり、仏教や儒教、キリスト教など様々な宗教が入ってきましたが、どの宗教もみな共存している。様々な宗教や多様な文化を受容するところに、日本の強みがあるのではないでしょうか。日本は世界文明の「受容地」であることをわれわれは世界に訴えるべきです。

その強みをいかすためにも、世界の知が集まる場所が必要なのです。

また、知のエンターテインメントも必要です。1970年に開催された大阪万博において、芸術家の岡本太郎は、丹下健三の設計した大屋根から頭を出す太陽の塔の内部に「生命の樹」をつくり、生命の未来を表現しました。こうした知的なテーマパークも世界教養村につくりたいと考えています。学者やコレクターの素晴らしい研究や芸術作品の展示空間もつくるとともに、デジタル技術で人類として体験を共有できるようにしたいです。

そして、こうしたテーマパークなどをつくることで、世界教養村は知的交流を求める世界の人たちがこぞって集まる上質な観光地にもなります。

もちろん、ここは日本一の観光ブランドである富士山の麓ですから、ここに世界最高の観光とホスピタリティの教育機関ＥＨＬの拠点をつくり、それ自体を観光の目玉とし、また、ホテルやリゾートを誘致すべきと考えています。ここから、世界の観光産業をリードする人材や日本の各地で活躍する人材を育てたいと思います。

デジタル設備はもちろん完備しますが、デジタル社会になるからこそ、アナログに人と人が直接、出会うことがより重要になるのではないでしょうか。世界トップの知性が集い、リラックスして、時間をかけて議論することで、共通の物事の真理が見えてくると思うのです。

世界教養村は、こうした世界有数の知の拠点となることを目指したプロジェクトであり、私たちにとっては究極のプロジェクトになっていくでしょう。

2000年都市・博多を再びアジアの玄関に

先に述べたように、アジアが世界最大の経済圏になり、21世紀がアジアの世紀になるとしたら、アジアの玄関口となるのは、福岡県福岡市、歴史的に博多、ではないかと思います。その問題意識で仕事を進めているのです。

『魏志倭人伝』に記された伊都国《いとこく》は福岡県糸島市付近に、奴国《なこく》は福岡県福岡市付近に存在したと考えられています。また、平安時代に国際外交・交易施設として建てられた「鴻臚館《こうろかん》」が福岡市にあることからも、長らくアジアへの玄関口が博多であったことがわかります。

福岡市は、2020年以後、その中心市街地を全面的に再開発する予定です。天神に建つ10棟前後の建物が取り壊され、新たに建て直される計画になっています。博多をリニューアルする好機ですから、ぜひ、アジアの一大都市を目指した再開発にする必要があります。

伊都国と呼ばれた福岡県糸島市は風光明媚な地域で、観光地として自然環境も非常に優れています。ここも都市から非常に近い田園です。『魏志倭人伝』に記されていることでもわかるように、古くから栄えていた地域ですから、その歴史や伝統行事なども貴重な観光資源となるでしょう。

また、福岡市に隣接する北九州市では、私たちは洋上風力発電の開発を企画しており、こうした周辺の開発も組み合わせることで、福岡県全体をアジアに開かれ発展する地域に成長させたいと考えています。

医療ネットワークで、がんで亡くなる人を激減させたい

さてここまで、日本各地で進めている「田園を輝かせるためのプロジェクト」の数々を紹介してきました。さらにここで、それら地方の田園をネットワークでつなぐことの重要性を示すため、医療ネットワークについても簡単に述べておきたいと思います。

地方の拠点をつなぐネットワークとして、すでにインターネットなどの情報ネットワークがあります。これに太陽経済の基盤となる電力ネットワークが加わり、高速道路無料化によって道路ネットワークもより充実させます。

それらに加え、私が非常に重要だと考えているネットワークが、医療ネットワークです。

日本は現在でも医療先進国であり、新型コロナウイルスのパンデミックでも、社会の対応力と医療の質が世界的に高いことが証明されました。

日本の医療機関におけるＭＲＩ（Magnetic Resonance Imaging：磁気共鳴画像）とＣＴ（Computed Tomography：コンピュータ断層撮影法）の普及率はＯＥＣＤ（経済協力開発機構）加盟国平均の約10倍で、ダントツの1位です。

しかし、ＭＲＩとＣＴを活用して、がんを早期に発見できているかと言うと、発見できたときにはすでにがんのステージが進行しており、手遅れということが多々あります。ステージが進行する前の早期発見が求められているわけですが、一般の医療機関に勤める医師がＭＲＩやＣＴで撮影した画像を見ても、なかなか早期のがんを発見できないのが、残念ながら現実です。

この問題を解消するために開発が進むのが、がんのＡＩ診断です。ＡＩであれば、非常に多数の過去のがんのデータ画像と照らし合わせることができます。そこで、人の目では判別できない小さながんや、がんの兆候であっても、見つけることができるのです。

私たちが支援しているＡＩ診断を開発する企業は、新型コロナウイルスのＡＩ診断においても、日本で最初に承認を受けました。この企業は、22種類のがんすべてをステージ２までに発見するＡＩ診断機能と、認知症を早期発見するＡＩ診断機能の開発を計画しています。

日本人の２人に１人ががんにかかり、多くの人が発見が遅れたために亡くなっています。がんが発見され、余命を過ごすための終末医療にも多額の費用がかかり、当人も家族も、保険財政も大変な負担を強いられています。

こうした現状は、ＡＩ診断だけでは改善できません。さらに遠隔医療と組み合わせることが重要になってきます。医療ネットワークで地方の医療機関とＡＩ診断を行う企業がつながれば、地方の病院はＭＲＩやＣＴを撮影するだけでよく、撮影した映像の診断はＡＩに任せることができます。

ＡＩ診断によってがんをステージ１や２の段階で発見できれば、あるいはがんの疑いありと診断できれば、あとはそれぞれのがんの専門病院に行って診断してもらいます。早期にがんを発見することによって、治療が早い段階で可能になるのです。こうした病院間の連携が重要です。

患者さんにとっても、地方の病院にとっても、ＡＩ診断を提供する企業にとっても、最終的な診断と治療を行う専門病院にとってもメリットが多く、これによって医療費を削減できれば、個人や家族にとっても、国や自治体にとっても大きなメリットになります。医療ネットワークは、こうした理想的な医療連携を実現するカギとなるのです。

医療ネットワークができれば、地方に行くと医療の質が下がるという現状を大きく変えることができ、地方のハンディがなくなります。田園からの産業革命を起こすためには、欠かせないネットワークです。

ただ、日本だけではデータ数が少ないので、中国などと協力してデータ数を増やすことが必要不可欠です。政治対立を超えて、日本や中国、台湾、シンガポールなどとアジア医療コンソーシアムをつくることが、今後求められてくるでしょう。

宮本常一と二宮尊徳に学べ

最後に、本章のまとめとして、ぜひ述べておきたいことがあります。それは日本が伝統的に培ってきた叡智をいかすことの大切さです。

これまで述べたような、「田園からの産業革命」の数々を企画・実行するために、私が一番勉強したのが宮本常一です。宮本常一の著作には、地域創生のヒントがたくさん詰まっていました。

宮本常一は、山口県の周防大島に生まれ、民俗学、農政学の一流の研究者でしたが、独自の「地域経済学」を切り開いた、日本の観光学の始祖の一人でもあります。1966年には、近畿日本ツーリストの出資で、日本における最初の観光文化研究所をつくりました。

彼は日本中をくまなく歩き周り、フィールドワークを徹底的に行いましたが、その根本には父からの次のような言葉があったと言います。

「その地域のことが知りたかったら、その地で一番高い場所に行き、その地域全体の地形と人の暮らしを眺めてみなさい。そして、その地域がどうやって食べているのか、生業は何か、食料は何か、特徴は何かを観察しなさい」

この父の教えを守り、宮本常一は日本各地をフィールドワークした記録を膨大に残しています。

さらに、それぞれの地域の歴史や文化を掘り起こし、現在は寂れた地域であっても、過去に栄えていた時期には、どういった条件だったから繁栄していたのか、何が原因で寂れてしまったのか、といったことまで研究しました。

地域の活性化や町づくりを考える際には、宮本常一の著作が非常に参考になります。やはり、先達のやり方をきちんと学び、それをいかしたほうが、より良い企画や実行策を考えることができるのです。

そしてもうひとり、私が多くのことを学んだのが二宮尊徳です。

二宮尊徳と言えば、薪を背負って読書をする金次郎少年の銅像が、かつてはほとんどの小学校にあったそうです。金次郎少年のこの勤勉さばかりが強調されますが、二宮尊徳は、いかに働き、いかに自活するか、リーダーは何をなすべきか、を実践し、多くの人を育てた人物でした。そして、借金で破綻し、荒廃した地域を生き返らせた人でもあります。地方創生の先駆者と言えます。

そして、再生資本家であり、優れた行政官であり、実践教育家でした。中央公論社の『日本の名著』に収録されている著作を読めば、優れた社会経済理論家であったことがわかります。もしマックス・ウェーバーが二宮尊徳を知っていたら、近代資本主義の先駆者のひとりに挙げざるを得なかったのではないかとすら思います。

二宮金次郎は、1787年、現在の神奈川県小田原市に近い村で生まれました。少年期に両親を亡くし、伯父に育てられたのですが、夜、明かりを使った勉強を禁じられたため、山に薪を取りに行く往復の道で読書を続けます。これが銅像の姿となりました。

大人になり、小田原藩家老の家で働いていた金次郎は、それまでに藩内で行った農村活性化の腕を買われ、あるとき、現在の栃木県にある4千石の分家の領地の立て直しを、小田原藩主から依頼されます。

金次郎はこのときも徹底した現場主義で、早朝から村の百姓の仕事ぶりを見て回りました。また、80年以上にわたるそれまでの年貢を計算し、農家1戸当たりの所得高、耕地面積、家族構成、農具や食料在庫、便所から馬の有無まで調べ上げ、その村の過去と現在の実態を把握しました。

その上で、勤勉な百姓を選んで農具を与え、お金を貸しました。そして、よく働く者の農道の近くに橋を架けました。高利の借金に苦しんでいた村人に対しては、金次郎が立て替えて返済し、低い金利に換えました。無借金の者には褒美を与え、年貢を免除しました。次には、勤勉な人には、地域の人たちがお金を出し合って助け合う金融の仕組みもつくりました。

金次郎が説いたのは、「小を積んで大を為す」こと。「大事をなそうと思ったら、小さいことから怠らずに勤めよ」「小が積もって大となる」と村人に説いたのです。

このように金次郎の村の再興策は徹底した現場主義であり、最も重視したのは人々の心を動かすことでした。一方で、二宮尊徳は多くの著作を著し、全国から集まった心ある役人や農民たちを教育しました。ついには老中水野忠邦に抜擢されて、２万石に及ぶ日光の神社領の再興を任されたときに亡くなりました。

二宮尊徳の遺志を継いだ弟子たちは幕末から明治維新にかけて多くの村を再興しました。二宮尊徳の生涯は、まさに東洋の経世済民でした。世の中を治め、人民を苦しみから救うことに一生を捧げたのです。

いかがでしょうか。宮本常一や二宮尊徳の思想と行動に、興味をもっていただけましたでしょうか。

田園からの産業革命、地方創生、地域の活性化、街づくりなどに携わる人に、私は宮本常一や二宮尊徳に関する著書を読むことを、お勧めします。地方を輝かせるためのヒントが得られるのではないでしょうか。

終章

「21世紀型大恐慌」を突破する新・金融革命

1 世界一の債権国の資金をいかせ

家計金融資産の伸び率は年率1％

アメリカ国債の暴落から始まる「21世紀型大恐慌」は、石油経済から太陽経済へのエネルギー革命を引き起こし、さらにエネルギー革命が交通革命をもたらします。それに加えて日本では、高速道路無料化と2キロメートルごとにつくられるインターチェンジを核とした道の町によって、本格的な田園からの産業革命が起きるでしょう。

そして、都市から田園へと約3000万人が大移動したあとの都市は、高速道路を地下に造り直し、空いた空間で付加価値の高い、世界に類を見ない都市開発が行われます。これにより都市革命をもたらす――。

以上、このような平和な革命の連鎖を実現するためには、何が必要でしょうか。それは、お金の面での革命です。

なぜなら、日本のメインの金融システムではこうした田園からの産業革命への投資、言い換えれば、地方でのインフラや不動産などの実物資産に対する投資は事実上ほとんど禁止されているからです。

ところが、シンガポールやカナダなどの資産運用の先進国ではこうしたインフラや不動産などの実物資産への投資に年金資金の2割から3割を充て、高い投資リターンと経済成長の果実を得てきました。かつては貧しかったシンガポールの1人あたり国民所得は今では日本人より50％も多いのです。

日本は世界最大の債権国であり、アメリカ国債の保有残高は世界トップです。日本は貿易収支も黒字で、経常収支も黒字です。国民の金融資産は1800兆円、その中の年金や保険などの長期国民資産は1100兆円もあります。年間の消費税収入の約50倍です。ところが、日本の家計金融資産の伸び率は昨年までの20年間で20％つまり、年率1％に過ぎません。

つまり、日本は世界最大の債権国でありながら、巨大な国民資金を活用せず、国民は老後の資金不足を心配し、経済は低迷を続けているのです。どこから変えていけば良いのでしょうか。

公的年金160兆円の投資戦略を変更せよ

多くの民間企業では厚生年金の保険料を企業と従業員が毎年同額支払い、自営業者などは国民年金の保険料を支払っています。そうした徴収した約160兆円の「公的年金」の積立金を運用するのは年金積立金管理運用独立行政法人（GPIF）であり、経営と資金の運用方針の大枠を決定して監督するのは厚労省です。

GPIFと厚労省は世界最大の年金運用の組織なのです。それだけではありません。公的年金の運用方針は、他の2つの「公的資金」であるゆうちょ銀行とかんぽ生命の合計約280兆円の資産運用方針に大きく影響します。さらには、国家公務員や地方公務員の年金を運用する共済組合の運用方針は基本的に公的年金に準拠するように定められています。さらには、日本の企業年金の多くは、厚生年金への上乗せの形となっているためもあって、公的年金の運用方針に強い影響を受けています。

生命保険や信託銀行といった民間運用機関も、一方では公的年金から運用を受託していますから、民間資金の運用であっても公的年金の運用方針の強い影響を受けます。

　こうしてみると、日本の公的年金は、それ自体世界最大の年金運用機関であるだけでなく、日本国民の長期金融資産1100兆円の運用方針を事実上決定しているといっても過言ではありません。逆にいえば、日本経済を再生し、成長させる田園からの産業革命を実現する最大のポイントは公的年金の投資戦略を変更することなのです。

　公的年金は国民の資金です。日本は民主主義国家ですから、国民を代表する政府にその意思があれば、公的年金の投資戦略の変更、即ちお金の革命は可能です。

政府は国民のために指導力を発揮せよ

　かつての厚生省は日本の金融ビッグバンをリードした、といったら驚かれるでしょうが、事実です。1994年1月、あれほどお世話になった大和証券からゴールドマン・サックスに私が移ったのは、「これから日本に金融危機が来る。そのことがわかる自分が国民の資金を守らなくては。しかし、大蔵省の護送船団、行政に守られた生保や信託銀行が日本の年金運用を独占し、国民の資金の多くをこれから暴落が確実な日本の株式や不動産に投資している。巨額の損失がこのままでは国民資金に発生する。このシステムを打破するには、アメリカの『外圧』をつかって世界標準の国際分散投資を導入しなければ日本の年金制度そのものがなくなってしまう。日本の会社にいては不可能だ」という危機感からでした。もうひとり、危機感を共有する方がおられました。のちに厚生労働省事務次官に就任する現東大特任教授辻哲夫さんでした。現在のGPIFの前身である年金福祉事業団（年福）の部長でした。

当時は「日米金融協議」が1985年のプラザ合意の流れから継続しており、ゴールドマン・サックスは民間側のリーダー企業でした。当時のアメリカ財務省のガイトナー駐日代表と部下の方にご協力いただき、私はアメリカの民間側として在日米国商工会議所「ACCJ」の中に「投資問題小委員会」を組織してもらい、ゴールドマン・サックスが委員長会社となりました。もちろん、上司でのちにアメリカ財務長官となる、ゴールドマン・サックスのポールソン会長の全面的な支援をもらいました。ヨーロッパと日本の資産運用業界とも連携できました。辻さんは驚くべき行動力を発揮され、年金を所轄する厚生省の部局はもちろん、日本の資産運用業界、さらには、労働団体や経営者団体にまで理解者を広げました。

幸運であったのは、当時の大蔵省もまたアメリカのサマーズ財務副長官と対峙する筆頭である「ミスター円」榊原英資財務官が、長野局長、杉井局長といった優れた行政官との連携プレーを進め交渉開始から1年足らずの12月26日にアメリカ・シアトルでの「日米金融合意」に至ったのでした。

それが日本の「金融ビッグバン」として知られた金融改革でした。公的年金（年福）の門戸が開かれ、国際分散投資が可能になり、海外の優れた運用機関を起用することも可能になりました。それだけでなく、運用の基準となるベンチマークや基本ポートフォリオ、資産の時価評価や国民への情報開示（ディスクロージャー）、といった資産運用の基本的なガバナンスの仕組みが導入され、東大の若杉敬明教授を委員長とする運用委員会が設置されました。また、年福の投資の仕組みとして、指定単を使ったＬＰＳという仕組みも導入されました。

こうした公的年金の改革のほとんどを提案しましたが、いよいよ１９９６年から始まる年福の新しい投資の開始を前にして、私の懸念は深まるばかりでした。90年代初頭から始まった日本経済のバブル崩壊が深刻化し、いよいよかつては「不倒神話」のあった日本の金融機関の大規模な破綻が現実のものとして私に重くのしかかってきたのでした。特に私が懸念したのは「生保団体保険」という、生保が発行する一種の「利付き証書」に年福をはじめ日本の年金が巨額の投資を行っていたことでした。銀行預金と違って、生保団体保険に対しては国家による損失補填の制度はなく、保険会社が破綻すれば、契約金の多くが返ってこないからでした。

今も鮮明に覚えていますが、のちに初代厚生労働事務次官になられた、当時の近藤純五郎年金局長をゴールドマン・サックスのポールソン会長と訪問した際に、私がこれから予想される金融危機と「生保団体保険」のリスクを説明しました。「もし兆円単位の損失が発生して、国会に呼ばれたら、生保団体保険には保険がないことを知りませんでした、とおっしゃるのですか」とまで申し上げました。暫く沈黙ののち、近藤局長から「どうしたらいいのですか」とお尋ねがあり、「解約して元本を取り戻すしかありません。個別に生保の営業マンに話したら、自殺する人すら出かねません。理事長名義で代表者に一斉に通知するほうがむしろ摩擦が少ないでしょう」と答えました。

厚生省と年福は速やかに動き、年福は当時の運用資産24兆円のうち4兆円の生保団体保険の元本を取り戻しました。翌年の1997年から翌年にかけて、山一証券、長銀、日債銀、拓銀が破綻し、中堅以下の生保のほとんどが破綻しました。銀行の破綻の被害は政府によって防がれましたが、生保団体保険の破綻によって日本の年金には巨額の損失が発生しました。

企業年金も明暗が分かれました。数千億円単位の損失が発生し、巨額の企業負担が発生したところもあれば、生保団体年金を解約して難を免れたところもありました。思い出深いのは当時のホンダ厚生年金基金の池田勝彦常務理事との初対面の日のやりとりでした。池田さんは当初ぶっきらぼうでしたが、私の説明を聞くと眼の色が変わり、翌日、北海道に出張している私の携帯電話が鳴り止まず、微に入り細に入りご質問をいただき、説明いたしました。池田さんの会社を思う強いお気持ちにこちらも打たれ、それから短期間でポートフォリオの全面的な組み替えまでお手伝いいたしました。

２０２０年の今があのとき、１９９６年、危機の前夜と似ていると思われてなりません。今まで本にも書かなかったこうしたエピソードをお伝えするのも、国家的な危機に直面したときの当時の厚生省や企業で国民の年金を預かるリーダーたちの勇気と決断と行動の大切さを歴史の教訓として伝え、これから危機に直面するであろう、今の世代の幅広い分野のリーダーたちに期待するからです。

資産運用の司令塔を創設せよ

１９９０年代の日本の金融危機を乗り越え、内外の株式や債券への国際分散投資を開始した年福は年金資金運用基金（ＧＰＩＦ）に改組され、初代厚生労働事務次官を初代理事長に迎え、財政投融資改革によって財務省から独立して、公的年金全体を運用するようになりました。

これを「自主運用」と言います。年金の運用については財務省には責任も権限もなくなりました。今ではGPIFは運用資産約160兆円の世界最大の年金運用組織であり、前述したように日本国民の長期資産1100兆円の運用方針に決定的な影響を与える中心的存在となりました。理事長にも民間金融機関での運用経験のある経営者を据えるようになりました。

しかし、日本の公的年金の運用の体制そのものが1994年の金融ビッグバンから26年を経て、制度疲労に陥っています。抜本的な改革を断行しない限り、コロナからの「21世紀型大恐慌」から国民資金を守り、危機の中から次の持続的成長を達成することは困難でしょう。どういうことでしょうか。

2002年にゴールドマン・サックスをリタイアし、もっぱら執筆を活動の中心としていた私は、2009年に総務省顧問として公的年金運用のあり方を見直す研究会の委員に任命されました。そこで私が日本も加盟するOECDとともに提出した提案書には主に2つのポイントがありました。

1つは、内外の株式と債券のみに限定されていた投資対象の拡大でした。2009年当時、すでに海外の主要な年金は再生可能エネルギーなどのインフラ資産、スマートシティなどの不動産資産、非上場のイノベーティブな技術企業など、オルタナティブ投資と言われる分野への投資を急拡大しており、世界経済の成長の中心がそうした分野に移行していました。日本の公的年金がそうした分野に投資を開始することは、国民資金の高いリターンを生むだけでなく、日本経済の成長の原動力となるからです。

もう1つの提案は、アジアへの投資割合を高めることでした。1994年の日本の金融ビッグバンから15年を経てアジア経済の成長は著しく、日本企業の海外進出も日本の貿易相手国も半分以上がアジアになっていました。

ところが、1996年の新しい運用開始時に年福が「運用ベンチマーク」とした世界株式インデックスには、そもそも日本以外のアジア諸国は含まれず、2009年当時も、後継のGPIFの日本以外のアジアへの投資は1%程度のものでした。公的年金を拠出する企業も従業員もアジアで勝負しているのに、その資金を運用する公的年金がアジアに投資しないのでは、投資リターンの機会を失うだけでなく、日本の国家戦略としてのアジア成長戦略に国民資金の支援がないことになります。

私とOECDの提案は2014年にGPIFの運用ルールに一部採用されました。しかし、2020年の現在に至るまで再生エネルギーなどのインフラやスマートシティなどの都市開発、アジアへの投資はいずれもGPIFの資産全体の1%かそれ以下に過ぎません。

その主たる原因はＧＰＩＦの運用が１９９４年から始まった「内外の株式と債券を対象に運用する」という基本方針に縛られているからです。再生エネルギーなどのインフラやスマートシティなどの都市開発のほとんどはプロジェクト・ファイナンスという手法で行われ、企業の倒産リスクから資金を隔離し、投資家の利益を守ります。投資そのものは個別の参加企業の株式や債券ではなく、プロジェクトごとに組成される特別目的会社（ＳＰＣ）への投融資の形となります。ですから、「内外の国債や主要企業（つまり上場企業）の株式・債券に投資する」という公的年金（ＧＰＩＦ）の基本方針から外れるのです。

世界銀行などの世界のインフラ・都市開発のレポートなどに見られるように、国際的にはインフラとその集合体でもある都市や港湾などの開発資金の主流は世界各国の年金や保険などの長期国民資金です。ＧＰＩＦはＥＳＧを掲げ、再生可能エネルギーやＳＤＧｓ適合の投資を進めるとしていますが、実際にはそうしたプロジェクトへの投資を自ら閉ざしているのです。Ｅ（環境）Ｓ（社会）への投資を進めるＧ（ガバナンス）の仕組みがＧＰＩＦには存在しないといわれてもしかたありません。

しかし、それはＧＰＩＦの責任でしょうか。違います。ＧＰＩＦは厚労省の決めた枠内での投資を行っているに過ぎません。厚労省には、世界経済や投資の動向、日本経済、特に所得と雇用の創出と年金資金との乗数効果についての経済分析、今後の大恐慌などの金融市場のリスクへの対応、など世界最大の160兆円の年金運用の戦略と方針の決定と、GPIFにおける執行の監督責任があります。しかし、いくら個人的には優秀であっても、国民の年金資金に対する強い思いがあっても、医療、福祉や労働などの行政分野とのローテーション人事で就任する厚労省の公的年金の責任者に、そうした最高度の金融と経済の専門性や大胆な改革を期待することには無理があるでしょう。

それなら、財政を司る財務省が公的年金の運用を担当すればいいのでしょうか。その場合は、重大な利益相反関係に陥るリスクがあります。財務省は本来は公的年金の財政責任を負う立場にあり、ゼロ金利の国債は公的年金財政を悪化させるのですが、その現実の行動は、国債の発行者として公的資金が国債の「安定消化先」であることを多くの場合に優先してきました。財務省が公的年金の運用方針を決定するようになれば、省益としての国債消化と年金受給者である国民の利益との間にこうした利益相反関係が深刻化するでしょう。

一方、財務省から分離された金融庁には公的年金の運用方針に対する責任も権限もありません。

カナダやシンガポールなどの年金運用の先進国では、年金受給者である国民の利益を最優先する「受託者責任（フィデューシャリー・デューティー）」の原則が確立され、低金利の国債優先ではなく、国民経済と運用利回りの双方に高い成長をもたらすインフラや都市開発、アジアへの投資を拡大し、国家的戦略の中心となっています。

世界最大の公的年金の運用組織ＧＰＩＦの方針を決定する日本政府のガバナンスを改革するときが来たと思います。

年金受給者である国民の利益を最優先する「受託者責任」の原則を貫き、同時に日本経済と国民の所得や雇用を成長させ、お金と経済の好循環を持続させるとともに、大恐慌のようなリスクには敏速に決断と行動ができる組織が必要となるでしょう。

まず、内閣直属の組織に厚労省や財務省や金融庁や経産省などの政府各部門や内外の官民からエース級の人材を集め、そうした組織づくりの準備を始めてはどうでしょうか。

そのときに最も参考となるのはシンガポールではないでしょうか。

シンガポールには、シンガポール政府投資公社という組織があります。一般的にはＧＩＣ（Government of Singapore Investment Corporation）と呼ばれており、ここがシンガポール国民の年金や健康保険、介護保険などの資金を運用し、高いリターンを生んでいます。それがシンガポールの経済成長にもつながっています。

2 令和の「新・日本株式会社」へ

パブリック・コーポレーションの役割を高めよ

田園からの産業革命で日本に地方からの経済成長を実現するときに強調したいのは、日本経済の大きな特質であるパブリック・コーポレーションを活用することの重要性です。

そもそも日本では戦後、インフラや都市や地域の整備は公的な組織が中心的な役割を担っていました。国鉄や道路公団、電電公社、郵便局や日本住宅公団、農林中金などでした。このうち、国鉄がJR、電電公社がNTT、道路公団がNEXCO、住宅公団がUR、郵便局が日本郵便、ゆうちょ銀行やかんぽ生命と、民営化されましたが、これら民営化された会社をも含めたパブリック・コーポレーションこそが日本の強みだ、と私は考えています。

建築のノーベル賞といわれる「プリツカー賞」を受賞したオランダ人建築家、レム・コールハースの著書『プロジェクト・ジャパン』（平凡社）は、20世紀日本の都市計画を世界最高のものとして、5年をかけて日本を徹底的に研究してまとめられた、700ページに及ぶ書籍です。「日本株式会社」という章では、官民一体でプロジェクトを仕上げる点が日本の強さの秘密であることを、克明に明かしています。

この本の中で特に注目されているのが、日本住宅公団の初代総裁、加納久朗（かのう・ひさあきら）氏が果たした役割です。加納氏は世界デザイン会議を日本で主催して、丹下健三、黒川紀章、磯崎新などの才能を世界に知らしめ、また、万博などを含む多くの「プロジェクト・ジャパン」を進めました。日本住宅公団は、戦後の住宅不足の際に公団住宅をつくるだけでなく、ニュータウン開発なども手がけました。日本の高度経済成長を支えたのが、こうした公団などのパブリック・コーポレーションでした。

住宅不足の戦後日本の全国にニュータウンを建設した日本住宅公団の流れを継ぐのが、現在の独立行政法人都市再生機構、略称URです。URは、世界最大の不動産デベロッパーであり、横浜市や三菱地所とともに、横浜のみなとみらい地区の都市計画を立てて、実現させたのもURです。

日本がこれから「高速道路革命」を起こしてアメリカ並みに出入口を2キロに1つくらいに増やしたとしましょう。その出入口に新しい「道の町」が全国にできるとして、誰がその開発を担うのでしょうか。もちろん、NEXCOがその主役になるべきですが、そのときには同じパブリックコーポレーションであり都市計画の専門集団であるURとの共同作業により、URがもつ町づくりのノウハウを活用し、そこに地方を中心として自治体や民間が参画すれば、質の高い町づくりが可能になるでしょう。

そして、パブリック・コーポレーションの強みをいかすという点で、忘れてならないのは郵便局です。

日本全国に郵便局は約2万5000ありますが、郵政民営化で私たちの利便性が高まったかと言えば、ほとんど何も変わっていないのではないでしょうか。しかし、郵便局が通信事業の拠点となり、インターネットサービスやスマートフォンを販売するようになったらどうでしょう。地方においては、郵便局の利便性が間違いなく高まります。

その昔、郵政省の前身、逓信省のときには、通信と郵便の両方を管轄していましたので、郵便局が通信と郵便の両方のサービスを扱うことは、それほどおかしなことではありません。ゆうちょ銀行やかんぽ生命の金融機関としての窓口業務も続ければ、地方にとって郵便局はなくてはならない存在となるでしょう。

また田園からの産業革命の中心は農林水産業になるわけですから、農協もうまく活用できるのではないでしょうか。農林水産分野におけるデジタル化やドローンの活用は生産性や品質を高め、世界への輸出を増加させるでしょう。医療や観光分野との連携も有望です。日本の国土の８割は、山林や農地です。これらの土地を太陽光発電所や風力発電所などに有効活用する役割を農協が担えば、現在よりも活性化するのではないでしょうか。

全国の農協の資金を束ねる存在である農林中金や全共連には、合計すると１５０兆円以上の資金があり、それを各地方の農協や自治体と連携して、農林水産分野への投資を増やしたり、太陽光発電所や風力発電所や地域電力会社などに投資する。そうすれば、田園からの産業革命が促進されることは間違いありません。

さらに各地方での資金調達においても、農協が郵便局、信用金庫、信用組合などと共に行えば、それだけ多額の資金を集められます。共同投資を行えば、資金はその地域の中で効率的に回ることになり、お金の地産地消が始まります。

デジタル証券化が地方への資金の流れを可能にする

これまでの日本のお金の流れは、地方で集めたお金の多くは国債や大企業、あるいは海外に投資して収益を稼ぎ、預貯金者や投資家に還元するのが主流でした。地方への資金の流れは21世紀になって一層細くなってきました。しかし、田園からの産業革命は中央から地方へあるいは「地産地消」で、地方でのより高い収益のチャンスを提供するでしょう。

その流れを加速するのが２０２０年から制度がはじまったデジタル証券化です。これまでの証券化は主に不動産の分野で利用され、証券化した不動産は約35兆円に達し、不動産へのお金の流れを拡大しました。

しかし、ＲＥＩＴ（不動産投資信託）などの形で証券化される不動産の多くは大都会のものに限られていたり、地方の不動産が組入れられても、それまで関わってきた地域金融機関が参加できなくなったり、地方にとってメリットが限られていました。

この流れが変わると思います。世界経済のデジタル化の流れに沿って、日本の金融でもデジタル証券化が今後進みます。契約手続きがデジタル化され、取引もデジタル化されるようになると、不動産以外にも、動産である太陽光発電や通信の設備や医療機器もデジタル証券化の対象になり、より小規模な資産でも資金調達がより低コスト、短期間で可能になるはずです。

特にメリットがあるのが、農林水産業や4K（健康、観光、環境、教育）といったこれまでの大企業中心の金融の世界では資金調達と投資の双方が難しかった分野です。

デジタル証券化によって、田園からの産業革命を担うそうした分野で活発に資金調達と投融資が行われれば、地方からの経済成長が日本経済を引っ張る時代が来るでしょう。

私たちは「太陽電力」や「田園からの産業革命」を担うプロジェクトや企業に投資するとともに、デジタル証券化に対応する「くにうみＡＩ証券」をスタートしました。デジタル証券化と地方への資金の流れを担っていきたいと思います。

地方の街づくりを輸出する

そして、日本の地方においてパブリック・コーポレーションや地方自治体や地元、様々な企業の協力によってもたらされた「街づくりの成功モデル」を、海外、特にアジアに積極的に輸出することも大事になります。

その際、これまでのように、単に相手国に工場をつくったり、インフラ設備を販売するだけでは不十分です。国民資金や民間資金も活用し、インフラや不動産を所有し、運営まで行うようにするのです。

インドの南東部に位置するアーンドラ・プラデーシュ州はインドのＩＴ人口の24％を占めるテクノロジー人材と豊富な農産物や水産物に恵まれて、高度成長を遂げていますが、約１００0キロメートルに及ぶ海岸線に新しい大都市を17、つくる計画があります。当初は、シンガポール政府がこれらの都市開発を独占する状況でしたが、いくつかの都市開発には日本が参加できる見通しです。

そして、インフラや不動産の計画と建設だけでなく、不動産を所有し、運営も行うことも可能となるでしょう。海外のインフラや不動産を所有すれば、その地域は半永続的に日本の投資対象となり、日本企業が本格的に進出できます。日本企業の進出は海外からも、もちろん歓迎されます。

こうした都市開発を、優れた都市開発ができる日本は今後は官民一体で行うべきです。21世紀の「プロジェクトジャパン」です。シンガポールが得意とする国家戦略を経済がはるかに大きな日本が行えば、極めて効果的です。

日本の地方で成功した街づくり、「田園からの産業革命」そのものをアジアや世界に輸出することが、太陽経済を進めることになります。そうした地域に投資することで日本の長期の経済成長も、それによって実現できるのです。

成功した都市は、国や企業よりも「長生き」です。ロンドン、パリ、ローマ、京都、北京など、都市は1000年以上続くことも珍しくなく、簡単には廃れません。そうであるなら、すでに巨大都市になっている中国の上海やインドのムンバイに投資するよりも、現在無名の地に投資し、都市を一緒につくりあげたほうがよいのではないでしょうか。それが日本にも、進出先の地域にも、巨大な富を生むことになります。

こうした長期の都市開発こそ、巨大な年金資金の役割であり、それが年金自体の運用にも好結果をもたらします。

これも歴史を見れば明らかです。19世紀のアメリカが開発のフロンティアだった時代、アメリカ国内には開発のための資金は十分にはありませんでした。では、誰が主に投資したのかと言えば、イギリスの年金です。イギリスの年金がアメリカに投資され、アメリカの都市や鉄道などのインフラが建設されたのです。そして、イギリスの年金資産も金額を増やし、イギリス国民もその富を享受しました。日本の年金もそうした好循環を享受するときではないでしょうか。

田園の豊かさとは何か

日本の地方には、今も美しい田園があります。その美しい田園のある地方から、新しい経済の流れを生み出そうというのが、田園からの産業革命です。

田園という言葉は、私たち日本人、あるいは東洋人にとって特別な言葉ではないでしょうか。4世紀の中国・東晋の小さな町の役人を辞めたときの陶淵明の「帰去来辞《ききょらいのじ》」は、次のような一節で始まります。

「帰りなんいざ　田園まさに荒れなんとす」

この一節が、現在の日本にもぴたりと当てはまります。多くの人が田園を捨てて都会に来たことで、田園が荒れて消滅しようとしています。しかし、荒れてしまっているのは、実は田園だけではありません。都市も荒れ、人の心や生活も荒れている。少なくとも、私にはそのように見えます。「帰去来辞」には次のような一節もあります。

「已往《きおう》の諌《いさ》むまじきを悟り　来者の追うべきを知る」

過去を悔やんでも仕方がない。未来を追いかけよう、といった意味ですが、帰去来辞は、単に隠遁するだけでなく、未来に向かう積極性も含んでいるのです。これもまた、現在の私たちに大きな示唆を与えてくれます。

陶淵明はまた、「桃花源記」において、田園の理想として「桃源」「桃源郷」を描いています。桃源郷は、16世紀の思想家トマス・モアが書いた「ユートピア」と同一視されることもありますが、実は真逆だと教えてくれたのは芳賀徹先生の『桃源の水脈』（名古屋大学出版会）でした。

ユートピアは、西洋思想がベースにあり、自然環境を支配し、厳密な幾何学的都市計画の都市に住み、住民の生活も常に規制されている社会です。一方で、老荘思想にも通じる桃源郷は、人に知られず、伸びやかで、気ままが許され、平和で幸福な田園を想像させます。

日本の田園を、経済や時間に追われて管理される空間にするのか、伸びやかで気ままで平和で幸福な空間にするのか、そのあたりに、田園からの産業革命が持続する秘訣があるのかもしれません。

謝辞

本を完成させていく作業は膨大で、ひとりの力だけでは成し遂げられないことでした。杉村幸彦さんが私の構想を理解し、手書きの「曼荼羅図」や図表を整理して完成してくれました。王芳さんはＰＲの経験をいかして、コラムの編集とオウンドメディアの開設を担当してくれています。オーエン・ロサさん、伊藤圭二さんと林敬さんと吉原洋さんからデータの提供とコメントをもらいました。小澤文子さんはじめ、その他のくにうみアセットマネジメントのスタッフの皆さんにも多くの支援をいただきました。また、井川紀道《もとみち》先生には、原稿の通読と国際金融のご経験からのご助言をいただきました。

濱田邦夫先生と太田孝昭先生には、「太陽経済の会」と「くにうみアセットマネジメント」発足以来、社会活動と事業活動の双方でご指導をいただいています。会員や株主、取引先、そして各界や地域のリーダーの多くの方々にもご支援をいただきました。

船橋洋一先生、島田晴雄先生、石川好先生には、過去20年来様々な機会でご教示をいただいてまいりました。

故徳山二郎先生には学生時代からご指導をいただき、国際的フィールドでの仕事や留学に導いていただきました。

皆様に深く感謝申し上げます。また、ここまでの家族の支援に感謝いたします。

最後になりますが、この本はＰＨＰ研究所の中澤直樹さんのご提案なくしては生まれませんでした。そして、編集協力してくださった坂田博史さんの、適切で深い理解なくしては、最初の原稿ドラフトは生まれませんでした。深く感謝申し上げます。

また、中澤さんをご紹介いただだいたＪＢｐｒｅｓｓファウンダーの川嶋諭さんにも厚くお礼申し上げます。

この本が読者の皆さんのご理解を得て世界経済システムと日本経済の「新生」の一助になることを願っています。

山﨑養世

〈著者略歴〉

山﨑養世（やまざき　やすよ）

1958年、福岡県出身。東京大学経済学部卒業。カリフォルニア大学ロサンゼルス校（UCLA）で経営学修士号（MBA）を取得。

大和証券に入社し、国際金融や商品開発を担当。日本初の証券化商品に投資する信託商品「ジャンボ・アルファ」（1990年度、日経金融新聞最優秀商品賞受賞）の開発や、PIMCO社との提携で同社の国際展開の支援などに携わる。1994年にゴールドマン・サックスに入社し、日米金融協議に米側民間代表として参画。グローバル投資の導入などを提唱して、「金融ビッグバン」と呼ばれた歴史的な合意に貢献した。同社の資産運用ビジネスを立ち上げ、投信・アセットマネジメントの日本代表、及び米国本社共同経営者（パートナー）としてグローバル資産運用でトップの実績をあげ、日経金融新聞のグローバル運用部門のランキングで連続1位の評価を得た。運用資産は3兆円に上った。

2003年と2004年に、「高速道路無料化」、「郵政資金の中小企業への活用」、「田園からの産業革命」を提案。2009年、総務省顧問に就任し、年金積立金管理運用独立行政法人（GPIF）のガバナンス体制と運用の抜本的な改革を提言。

2009年、一般社団法人太陽経済の会を創設し、代表理事に就任。再生エネルギーによって持続可能な世界を目指す「太陽経済」を提唱。2012年、くにうみアセットマネジメント株式会社を創業し、代表取締役に就任。岡山県瀬戸内市で当時日本最大級の太陽光発電所「瀬戸内Kirei太陽光発電所」を開発し、2018年に商業運転を始めた。

信念は「知行合一」。政策提言だけでなく、自ら実践する実業家であり、経済評論家でもある。

現在、くにうみアセットマネジメント代表取締役。くにうみAI証券代表取締役社長。一般社団法人「太陽経済の会」代表理事。成長戦略総合研究所理事長。観光庁「観光地域づくり法人（DMO）」アドバイザー。AXION VENTURES INC. Executive Chairman。山海投資有限公司董事長。緑創基金管理有限公司副董事長。EHL Advisory Services 日本ナレッジパートナー日本代表。投資信託協会元理事、日本ファイナンス学会元理事。今まで10冊以上の著書を出版し、発表論文なども多数。著書やコラムの内容は山﨑養世のオウンドメディアでも確認できる（https://yamazaki-yasuyo.jp）。

21世紀型大恐慌
「アメリカ型経済システム」が変わるとき

2020年11月24日　第1版第1刷発行

著　者　山　﨑　養　世
発行者　後　藤　淳　一
発行所　株式会社ＰＨＰ研究所

東京本部　〒135-8137　江東区豊洲5-6-52
出版開発部　☎03-3520-9618(編集)
普及部　☎03-3520-9630(販売)
京都本部　〒601-8411　京都市南区西九条北ノ内町11

PHP INTERFACE　https://www.php.co.jp/

組　版　朝日メディアインターナショナル株式会社
印刷所　大日本印刷株式会社
製本所　東京美術紙工協業組合

ISBN978-4-569-84827-3

ＰＨＰの本

世界のビジネスエリートが大注目！

教養として知りたい日本酒

八木・ボン・秀峰　著

名誉唎酒師であり、ＮＹで40年以上日本食の店を経営する著者が、お薦めの50銘柄と酒造りのウンチク、日本酒の世界進出の戦略を語る。

定価　本体一、七〇〇円（税別）

PHPの本

［改訂新版］松下幸之助　成功の金言365

運命を生かす

松下幸之助 著
PHP研究所 編

装いも新たに『松下幸之助　成功の金言365』の［改訂新版］が刊行。1日1ページ。読んで、考えて、自己変革を遂げたい人に贈る！

定価　本体一、四〇〇円（税別）